प्रेमयोग

प्रेमयोग

स्वामी विवेकानन्द

GYAN

प्रेमयोग

स्वामी विवेकानन्द

ISBN : 9788121260657 (PB)

भारत में सन् 2022 में प्रकाशित

ज्ञान पब्लिशिंग हाऊस

5, अंसारी रोड, दरियागंज,

नई दिल्ली-110002

वेब साइट: www.gyanbooks.com

ई-मेल: books@gyanbooks.com

Phone : 011-47034999, 9811692060

मुद्रित: ज्ञान प्रेस, दिल्ली

भूमिका

ईश्वर की कृपा से विश्व विख्यात स्वामी विवेकानन्द कृत 'रिलीजन ऑफ् लव्ह' (Religion of Love) का हिन्दी अनुवाद प्रकाशित हो गया। दीर्घ काल से अनुभूत न्यूनता को दूर करने में यह पुस्तक सहायक हुई है। इसमें के कुछ व्याख्यान स्वामी जी ने इंग्लैंड में दिये थे और कुछ अमेरिका में। भक्त के जीवन के निर्माण के लिए इस पुस्तक के विषय अत्यावश्यक हैं। वास्तव में भक्ति की सत्य भावना को आत्मसात करने के हेतु तथा मन के जीवन लक्ष्य की पूर्ति के लिए वे महान उपकारी हैं। पुस्तक के विषय का प्रतिपादन सूक्ष्म किंतु साथ ही सुगमता से बोधगम्य है। अनुवादक ने अपने पावन कार्य को श्रद्धा और भक्ति पूर्ण रुख से सच्ची लगन के साथ समाप्त किया है। अनुवाद विश्वसनीय है। शब्दश: है और मूल के भावों का अनुगामी है। हम अनुवादक पं. द्वारकानाथजी तिवारी के हृदय से आभारी हैं। साथ-ही हम दुर्ग निवासी सर्वश्री आर. आर. ढगांवकर तथा श्री निशिकांत गांगुली को भी धन्यवाद देते हैं। जिन्होंने अपना सहयोग प्रदान किया है। श्रीयुत डॉ. शिवाजीराव पटवर्धन एवं (श्रीयुत गुलाबचन्द जैन हेड-मास्टर,) अमरावती के प्रति कृतज्ञता प्रकाशित किये बिना नहीं रह सकते। जिन्होंने प्रूफ संशोधन कर अमूल्य सहायता की है।

हमें आशा है कि पुस्तक अपना उद्देश्य पूरा करेगी और लोक प्रिय होगी। वाचक गण यह जानकर प्रसन्न होंगे कि इस पुस्तक की आय संस्था के धार्मिक-उद्देश्य और परमार्थिक कार्यों में लगाई जाएगी।

१ अक्टूबर १९३६ **प्रकाशक**

अनुवाद के संबंध में दो शब्द

स्वामी विवेकानन्द जी के नाम से, ऐसा कौन भारतवासी होगा, जो परिचित न हो। उन्होंने हिंदुधर्म की विजयपताका अमेरिका तक में शिकागो की सर्वधर्म महासभा में फहरा कर हिंदुस्तान की कीर्ति सदा के लिए स्थापित कर दी। इन महापुरुष ने अनेक धर्मविषयक ग्रंथ लिखे हैं। उनमें से बहुतेरे ग्रंथ दुनिया की प्राय: सभी भाषाओं में अनुवादित है। पर उन का यह छोटा-सा ग्रंथ "Religion of Love" हिंदुस्तान की राष्ट्रभाषा हिंदी में अनुवादित नहीं है और यदि इस का हिंदी अनुवाद मैं कर सकूं तो इस कमी की पूर्ति हो सकती है ऐसी सूचना श्री स्वामी भास्करेश्वरानंदजी अध्यक्ष रामकृष्ण आश्रम नागपुर ने मुझे दी। मैं यद्यपि इस योग्य नहीं हूँ तथापि उन की आज्ञा को मान देकर यह अनुवाद आरंभ किया और श्री जगदीश्वर की कृपा से अनुवाद पूर्ण भी हो गया। तत्त्वज्ञान का विषय और श्री स्वामी विवेकानन्द जी की ओजस्विनी भाषा में उसका विवेचन कहाँ! और टूटीफूटी हिंदी भाषा में यह अनुवाद कहाँ! पर मूलग्रंथ की भाषा का शब्दश: अनुवाद करने और उस के भाव को त्यों का त्यों रखने का प्रयत्न इस अनुवाद में किया गया है। सफलता कहाँ तक मिल सकी है इस का निर्णय "प्रेमयोग" के सहृदय पाठक ही करेंगे। मैं तो अपने को इतने से ही कृतकृत्य समझूंगा कि इसे पढ़कर पाठकों को श्रीस्वामीजी के मूलग्रंथ को पढ़ने की लालसा उत्पन्न हो जाए।

इस अनुवाद की पाण्डुलिपि को मेरे मित्र श्री. रघुनाथराव डगांवकर महाशय ने संशोधन किया और इस अनुवाद के विषय में मेरे दूसरे मित्र श्री निशिकांत गांगुली महाशय समय-समय पर मुझे उत्साहित करते रहे। अत: इन दोनों महाशयों को मेरा हार्दिक धन्यवाद है।

मैं श्री स्वामी भास्करेश्वरानंदजी का अत्यंत कृतज्ञ हूँ जिन की सूचना ने मुझे इस पवित्र कार्य की ओर प्रेरित किया।

पौष कृष्ण १०
विक्रमसंवत् १९९३

विनीत
ब्दारकानाथ

अनुक्रम

1. पूर्व साधना

भक्तयोग की सर्वोत्तम परिभाषा संभवतः भक्त प्रल्हाद द्वारा दी हुई निम्न परिभाषा है:–

या प्रीतिर विवेकाना विषयेष्वनपायिनी।
त्वामनुस्मरतः सा मे हृदयान्मापसमर्पतु।।

"हे ईश्वर! अज्ञानी जनों को इन्द्रियों के भोग के नाशवान् पदार्थों पर जैसी गाढ़ी प्रीति रहती है, उसी प्रकार की प्रीति हमारी तुझमें हो और तेरा स्मरण करते हुए हमारे हृदय से वह सुख कभी दूर न होवे।"

हम देखते हैं इन्द्रियभोग के पदार्थों से बढ़कर और किसी वस्तु को न जानने वाले लोग इन पदार्थों पर धन-धान्य, कपड़े-लत्ते, पुत्र-कलत्र, बंधु बांधव तथा अन्यान्य सामग्रियों पर कैसी दृढ़ प्रीति रखते हैं; इन वस्तुओं के प्रति उनकी कैसी घोर आसक्ति रहती है। इसीलिए इस परिभाषा में वे भक्त ऋषिराज कहते हैं, "वैसी ही प्रबल आसक्ति, वैसी ही दृढ़ संलग्नता केवल तेरे प्रति मुझमें रहे।" ऐसी ही प्रीति जब ईश्वर के प्रति की जाती है, तब वह भक्ति कहलाती है! भक्ति किसी वस्तु का संहार नहीं करती, वरन् भक्ति हमें यह सिखाती है कि हमें जो-जो शक्तियाँ दी गई हैं, उनमें से कोई भी निरर्थक नहीं है, बल्कि उन्हीं के अन्तर्गत हमारी मुक्ति का स्वाभाविक मार्ग है। भक्ति न तो किसी वस्तु का निषेध ही करती है, न वह हमें प्रकृति के विरुद्ध ही चलाती है। भक्ति तो केवल हमारी प्रकृति को ऊँचा उठाती है और उसे अधिक शक्तिशाली प्रेरणा देती है। इंद्रिय-विषयों पर हमारी कैसी

स्वाभाविक प्रीति हुआ करती है। ऐसी प्रीति किये बिना हम रह ही नहीं सकते, क्योंकि ये विषय, ये पदार्थ हमें इतने सत्य प्रतीत होते हैं। साधारणतः हमें इनसे उच्चतर पदार्थों में कोई यथार्थता ही नहीं दिखाई देती; पर जब मनुष्य इन इंद्रियों के परे, इंद्रियों के संसार के उस पार किसी यथार्थ वस्तु को देख पाता है, तब वांछनीय यही है कि उस प्रीति को, उस आसक्ति को–बनाए तो रखे, पर उसे सांसारिक विषय के पदार्थों से हटाकर उस इंद्रियों के परे वस्तु अर्थात् परमेश्वर में लगा देवे। और जिस प्रकार का प्रेम इंद्रियों के भोग्य पदार्थों पर था उसी प्रकार का प्रेम भगवान् में लग जाने पर उसका नाम 'भक्ति' हो जाता है। संत श्रीरामानुजाचार्य के मतानुसार उस उत्कट प्रेम की प्राप्ति के लिए नीचे लिखी साधनाएँ हैं।

प्रथम साधना है 'विवेक'। यह विशेषतः पाश्चात्यों की दृष्टि में विचित्र बात है। श्रीरामानुजाचार्य के मत से इसका अर्थ है 'आहार मीमांसा' या 'खाद्याखाद्य-विचार'। हमारे शरीर और मन की शक्तियों की निर्माण करने वाली समग्र संजीवनी शक्तियाँ हमारे भोजन के भीतर ही रहती हैं। अभी जो कुछ मैं हूँ, सो सब ही इसके पूर्व मैंने जो खाया उस भोजन-सामग्री में ही था। वह सब खाद्य पदार्थों से ही मेरे शरीर में आया; उसमें संचित रहा और नया रूप धारण किया पर वस्तुतः मेरे शरीर में और मेरे मन में मेरे खाये हुए अन्न से भिन्न और कोई वस्तु नहीं है। जैसे भौतिक सृष्टि में हम शक्ति और जड़ पदार्थ पाते हैं और यह शक्ति और जड़ पदार्थ हममें मन और शरीर बन जाते हैं। ठीक उसी तरह यथार्थ में देह और मन में, और हमारे खाए हुए अन्न में केवल आकार या रूप का अन्तर है। ऐसा होते हुए, जब हम अपने भोजन के जड़कणों द्वारा ही अपने विचार-यंत्र का निर्माण करते हैं और उन जड़कणों के अंतर्निहित सूक्ष्म शक्तियों द्वारा विचार का निर्माण करते हैं, तब तो यह सहज ही सिद्ध होता है कि इस विचार और विचार-यंत्र, दोनों पर ही हमारे खाए हुए अन्न का प्रभाव पड़ेगा। विशेष प्रकार के आहार हमारे मन में विशेष प्रकार के विकार उत्पन्न करते हैं। यह हम

प्रतिदिन स्पष्ट रूप से देखते हैं। और अन्य प्रकार के आहारों का शरीर पर अन्य प्रकार का परिणाम होता है और अंत में वह मन पर भी बहुत असर पहुँचाता है। इससे हम बहुत बड़ा पाठ यह सीखते हैं कि हम जिन दु:खों को भोग रहे हैं, उनका बहुतेरा अंश हमें हमारे खाये हुए भोजन द्वारा ही प्राप्त होता है। अधिक मात्रा में और दुष्पाच्य पदार्थ खा लेने के उपरांत आप देखते हैं कि मन को काबू में रखना कितना कठिन हो जाता है; तब तो मन तमाम समय इधर दौड़ उधर दौड़ यही किया करता है। फिर ऐसे भी खाद्य पदार्थ हैं, जो उत्तेजक होते हैं; ऐसे पदार्थों को खाने के बाद आप देखते हैं कि आप अपने मन को किसी प्रकार भी रोक नहीं सकते। यह मानी हुई बात है कि बहुत-सी मात्रा में शराब पी लेने पर या किसी अन्य नशीले पेय का व्यवहार कर लेने से मनुष्य अपने मन को नियंत्रित करने में असमर्थ पाता है; ऐसी अवस्था में मन तो उसके काबू के बाहर होकर इतस्तत: भागता है।

श्रीरामानुजाचार्य हमें 'आहार' के तीन दोषों से बचने के लिए कहते हैं। प्रथम तो जाति-दोष अर्थात् आहार के स्वाभाविक गुण या किस्म की ओर ध्यान देना चाहिए। सभी उत्तेजक वस्तुओं का, उदाहरणार्थ मांस आदि का परित्याग करना चाहिए, क्योंकि यह स्वभावत: ही अपवित्र वस्तु है। दूसरे का प्राण लेकर ही हमें मांस की प्राप्ति होती है। हम तो क्षणमात्र के लिए स्वाद-सुख पाते हैं, पर उधर दूसरे जीवधारी को हमें यह क्षणिक स्वाद-सुख देने के लिए सदा के लिए अपने प्राणों से हाथ धोना पड़ता है। इतना ही नहीं, वरन् हम दूसरे मनुष्यों का भी नैतिक अध:पतन करते हैं। अच्छा तो यह होता कि प्रत्येक मांसाहारी मनुष्य स्वयं ही जीव हत्या करता। पर उसके बदले होता क्या है? समाज अपने लिए यह जीव-हत्या का कार्य मनुष्यों के एक विशेष वर्ग द्वारा कराता है और तुर्रा यह कि उस कृत्य के कारण ही उस वर्ग के मनुष्य को वह घृणा की दृष्टि से देखता है। यहाँ का कानून तो मुझे नहीं मालूम, पर इंग्लैंड में कोई भी कसाई ज्यूरी (jury) में सदस्य बनकर न्याय प्रदान का कार्य नहीं कर सकता। इसके पीछे भाव यह है कि

कसाई स्वभाव से ही निर्दयी होता है। पर भला उसको निर्दयी बनाया किसने? उसी समाज ने। यदि हम गोमांस और बकरी का मांस न खाएँ, तो ये कसाई हों ही नहीं। मांस-भक्षण का अधिकार उन्हीं मनुष्यों को है, जो बहुत कठिन परिश्रम करते हैं और भक्त नहीं होना चाहते हैं। पर आप यदि भक्त होना चाहते हैं, तो आपको मांस का त्याग करना चाहिए; वैसे ही, सभी उत्तेजक भोजन, जैसे प्याज, लहसुन और सभी दुर्गंधयुक्त पदार्थों, जैसे 'सावर क्रौट' इत्यादि का त्याग करना चाहिए। कई दिनों का बना हुआ भोजन, प्राय: सड़ा हुआ अन्न जिसके स्वाभाविक रस सूख गए हैं या जिसमें दुर्गंध आ गई हो, ऐसे सभी खाद्य वस्तुओं का परित्याग करना आवश्यक है। भोजन के संबंध में दूसरा विषय है-'आश्रय-विचार'। यह पाश्चात्यों के लिए और भी जटिल बात है। आश्रय का अर्थ है, कि भोजन किस व्यक्ति के पास से मिला इस का विचार। यह हिंदुओं का रहस्यमय सिद्धांत है। इसमें यह तर्क शैली है कि प्रत्येक मनुष्य के आस-पास एक प्रकार का वातावरण (aura) होता है और जिस किसी वस्तु को वह छूता है, उस वस्तु के साथ उस मनुष्य की प्रकृति या आचरण का कुछ अंश मानों कछ प्रभाव रह जाता है। जैसे प्रत्येक मनुष्य के शरीर से उसके शरीर के सूक्ष्म परमाणु (effluvia) निकला करते हैं, उसी तरह उसके आचरण या भाव भी उसके बाहर निकलते रहते हैं और जब कभी वह किसी वस्तु को छूता है, तो उस वस्तु में वे लग जाते हैं। अत: हमें इस बात की सावधानी रखनी चाहिए कि पकाते समय हमारे भोजन को किसने स्पर्श किया,-किसी दुष्ट-प्रकृति वाले या दुराचारी मनुष्य ने उस भोजन को स्पर्श तो नहीं किया, जो भक्त होना चाहता है, वह दुष्ट प्रकृति के मनुष्यों के संग भोजन न करे, क्योंकि उनकी दुष्टता का प्रभाव भोजन द्वारा फैलता है।

और एक बात है 'निमित्त-विचार'। यह समझने में बहुत सरल है। मैल और धूल इत्यादि चीजें भोजन में न हों। ऐसा न हो कि बाजार से खाद्य पदार्थ ले आए और उन्हें बिना धोये ही थाली में खाने के लिए परोस दिये। उनमें संसार भर का कूड़ा-करकट और धूल भरा हुआ है।

मुख की लार, थूक इत्यादि वस्तुओं से हमें परहेज करना चाहिए। जब परमात्मा ने हमें चीजों को धोने के लिए यथेष्ट जल दे रखा है, तो हमारी ओठों को छूने की और थूक द्वारा हर-एक चीज को स्पर्श करने की आदत कैसी गंदी और भयानक है। Mucous membrane याने द्रवोत्पादक या श्लैष्मिक झिल्ली हमारे शरीर का एक बड़ा नाजुक भाग है और इससे उत्पन्न लार इत्यादि के द्वारा अनिष्ट प्रभावों का संक्रमण हो जाना बहुत ही सहज है। अत: इसका स्पर्श दूषित ही नहीं-भयानक भी है। और भी किसी वस्तु का एक अंश यदि किसी दूसरे ने खाकर छोड़ दिया हो, तो उसे भी नहीं खाना चाहिए– जैसे किसी ने एक सेब का टुकड़ा स्वयं काट खाया हो और बाकी दूसरे को देवे। आहार में इन वर्जित बातों का त्याग कर देने से आहार की शुद्धि होती है। आहार की शुद्धि से मन:शुद्धि और मन:शुद्धि से परमात्मा का सतत् और निरंतर स्मरण होता है।

दूसरे टीकाकार श्रीशंकराचार्य जी ने इसका जो अर्थ लगाया है, वह मैं आपको बताता हूँ। संस्कृत भाषा में 'आहार' शब्द भोजन के लिए प्रयोग किया जाता है 'आहार' शब्द जिस धातु से बना है, उसका अर्थ है एकत्र करना, ग्रहण करना। अत: आहार का अर्थ हुआ–"जो कुछ एकत्र किया गया या ग्रहण किया गया।" वे क्या अर्थ करते हैं? वे कहते हैं, "जब भोजन शुद्ध है, तब मन शुद्ध रहता है।" इसका ठीक अर्थ है कि हमें कुछ चीजों का वर्जन करना चाहिए, ताकि हम इंद्रियों में आसक्त न हो जाएँ। प्रथम तो आसक्ति के विषय में हमें ईश्वर के अतिरिक्त अन्य किसी भी वस्तु पर आसक्ति न रहे। सब कुछ देखो, सब कुछ करो, सब कुछ छुओ, पर किसी वस्तु में आसक्त मत होओ। ज्यों ही वह अत्यन्त आसक्ति आई कि मनुष्य अपने आपको खो डालता है; तदुपरांत वह अपना स्वामी नहीं रह पाता, उसी क्षण दास या गुलाम बन जाता है। यदि किसी स्त्री की दृढ़ आसक्ति किसी पुरुष पर हुई, तो वह स्त्री उस पुरुष की गुलाम बन जाती है या वह पुरुष उस स्त्री का गुलाम बन जाता है। गुलाम बनने में कोई लाभ नहीं है। किसी मनुष्य के गुलाम

बनने की अपेक्षा और अधिक अच्छी बातें इस संसार में हैं, हर किसी से प्रेम करो, हर किसी की भलाई करो, पर किसी के गुलाम मत बनो; क्योंकि दास या गुलाम बनने से प्रथम तो हमारा व्यक्तिश: अध:पात हो जाता है, और दूसरे हम इससे अत्यंत स्वार्थी भी बन जाते हैं। इस दोष के कारण हम जिन पर प्यार करते हैं उनको लाभ पहुँचाने के लिए दूसरों को हानि पहुँचाते हैं। संसार में अधिकांश दुष्कर्म व्यक्तिगत आसक्ति के कारण ही किए गए हैं। अत: ऐसी आसक्ति याने व्यक्तियों के प्रति आसक्ति का त्याग करके केवल सत्कर्मों के प्रति आसक्ति रखे और प्रत्येक व्यक्ति पर प्रेम करे। तत्पश्चात् ईर्ष्या या द्वेष के विषय में इंद्रिय भोग के किसी पदार्थ को पाने के लिए ईर्ष्या या द्वेष नहीं करना चाहिए। यह ईर्ष्या-द्वेष ही सभी अनर्थों का मूल है और साथ ही अत्यंत दुर्दभ नीयत्री है। पुन: मोह या भ्रम। हम सदा एक वस्तु को दूसरी वस्तु समझ बैठते हैं और उसी गलत भावना से कार्य करते हैं। फल यह होता है कि हम अपने ऊपर विपत्ति को खींच लाते हैं। हम अनिष्ट को इष्ट समझकर ग्रहण करते हैं। जो कुछ हमारे स्नायुओं में क्षण भर के लिए गुदगुदी पैदा कर दे, उसे ही हम सर्वोत्तम वस्तु मान बैठते हैं। बाद में उससे हमें जब जोर से आघात पहुँचता है, तब हमारी आँख खुलती है, पर तब तक बहुत विलम्ब हो चुका होता है। प्रतिदिन हम ऐसी ही भूल करते हैं और अपनी सारी जिन्दगी-भर इसी भूल में पड़े रहते हैं। जब इंद्रियाँ बिना अत्यंत आसक्ति के, ईर्ष्या-द्वेष रहित और मोह-भय रहित होकर इस संसार में कार्य करती हैं, उस कार्य का नाम है। 'शुद्ध आहार'। यह शंकराचार्यजी का मत है। जब आहार शुद्ध है, तभी मन पदार्थों को ग्रहण करने और उनके विषय में अनासक्त एवं द्वेष और भय से रहित होकर विचार करने में समर्थ हो सकता है। तब मन शुद्ध हो जाता है, और मन के शुद्ध होने पर ही उस मन में ईश्वर की सतत स्मृति-अव्याहत स्मृति-निरन्तर जागृत् रहती है।

अन्तत: यही (श्री शंकराचार्य का) अर्थ ही सर्वश्रेष्ठ है ऐसा कहना हर किसी के लिए स्वाभाविक है पर मैं उसमें इतना और जोड़

देना चाहता हूँ कि प्रथम मत अर्ताथ् श्रीरामानुजाचार्य की भक्ति की भी अवहेलना मत करो। जब तुम आहार-सामग्री की ही सावधानी रखोगे, तभी और बातें हो सकेंगी। यद्यपि यह सत्य है कि मन ही स्वामी है, पर फिर भी हममें से कितने लोक इंद्रियों के बंधन से मुक्त हैं? जड़ वस्तुओं से ही हम जकड़े हुए हैं और जब तक हमें जड़ वस्तुओं का बंधन है, तब तक जड़-वस्तुओं की सहायता लेनी चाहिये। उसके बाद जब हम शक्तिशाली बन जाएँगे, तब चाहे जो चीज खा सकेंगे। अत: हमें अपने खाने-पीने की चीजों के संबंध में श्रीरामानुजाचार्य के आदर्श के अनुसार सावधानी रखनी चाहिए। साथ ही साथ अपने मानसिक आहार के विषय में भी हमें सावधान रहना चाहिए। खाद्य पदार्थों के विषय में सतर्क रहना आसान है, पर मानसिक साधना भी उसके साथ चलती जाए; तभी क्रमश: हमारी आत्मा की, हमारी धार्मिक प्रवृत्ति की शक्ति उत्तरोत्तर बढ़ेगी और शारीरिक वृत्तियों का साम्राज्य या भौतिक प्रवृत्ति की प्रबलता शिथिल होती जाएगी। तब ऐसा समय आ जाएगा कि तुम्हें किसी भी प्रकार के भोजन से अनिष्ट नहीं होता ऐसा तुम अनुभव करोगे। सबसे बड़ा डर यही है कि प्रत्येक मनुष्य यही चाहता है कि सर्वोच्च आदर्श को कूदकर पहुँच जाऊँ। पर यह ध्यान रहे कि कूदने का तरीका ठीक नहीं है। उससे हम केवल गिरकर हाथ-पैर ही तोड़ लेंगे। हम यहाँ बँधे हुए हैं और हमें धीरे-धीरे अपने बंधन की जंजीर को तोड़ना है। इसी का नाम 'विवेक' या 'आहार-मीमांसा' है।

तत्पश्चात् 'विमोक्ष' या 'स्वतंत्रता' का विषय आता है। जो ईश्वर के प्रति प्रेम करना चाहता है, उसे अपनी उत्कट अभिलाषाओं का त्याग करना चाहिए, ईश्वर को छोड़ अन्य किसी बात की कामना नहीं करनी चाहिए। यह संसार परलोक के मार्ग में या परमार्थ-प्राप्ति में सहायता देता है, वहाँ तक तो ठीक है। हमें उच्चतर पदार्थों की प्राप्ति में जहाँ तक इंद्रिय-विषय सहायता देते हैं, वहाँ तक तो वे भी उचित हैं। पर हम यह भूल जाते हैं कि संसार किसी साध्यतत्त्व की प्राप्ति के लिए केवल साधन मात्र है, यह संसार ही इष्ट वस्तु या अंतिम ध्येय

नहीं है। यदि यह संसार ही अंतिम ध्येय होता तो हम इस भौतिक शरीर में ही अमर रहते और कभी न मरते। पर हम देखते हैं कि हमारे आस-पास प्रतिक्षण मनुष्य मर रहे हैं, और तिस पर भी मूर्खतावश हम यह समझते हैं कि हम कभी नहीं मरेंगे; और इसी विश्वास से यह निश्चय कर बैठे हैं कि यह जीवन अंतिम लक्ष्य या आदर्श है। हममें से 99 प्रतिशत मनुष्यों की यही अवस्था है। हमें इस भाव का एकदम त्याग कर देना चाहिए। हमें पूर्ण बनाने में जहाँ तक सहायक हो सके, वहीं तक यह संसार ठीक है। और ज्यों-ही इस संसार से हमें ऐसी सहायता प्राप्त होना बन्द हुआ, त्यों-ही यह संसार अनर्थ और निरा अनर्थ ही है। इसी तरह पति-पत्नी, पुत्र, कन्या, धन-दौलत, रुपए-पैसे, विद्वत्ता या पांडित्य जब तक हमें उन्नति के मार्ग में सहायक हैं तभी तक हमारे लिए इष्ट हैं, और जब उनसे ऐसी सहायता न मिले, तब वे केवल अनिष्टकारक हैं। यदि पत्नी हमारे परमात्मा की ओर जाने में सहायक हो तो वह सुपत्नी है; इसी तरह पति और सन्तति के संबंध में भी जानो। यदि धन के द्वारा हम दूसरों की भलाई कर सकते हैं, तब तो वह काम की चीज है। अन्यथा वह धन अनर्थ का घर है और जितने शीघ्र उससे हम अपना पिंड छुटा सकें, उतना ही अच्छा हो।

तदुपरांत 'अभ्यास'–मन सदा परमात्मा की ही ओर जाए। अन्य किसी वस्तु को हमारे मन में प्रविष्ट होने का अधिकार नहीं है। मन निरंतर ईश्वर का ही चिंतन करे। यद्यपि यह कठिन है, पर सतत अभ्यास से ऐसा हो सकता है। हम आज जो कुछ हैं, वह हमारे पूर्व अभ्यास का परिणाम है और अब जैसा अभ्यास करेंगे, वैसे ही भविष्य में बनेंगे। इसी से अब हमें दूसरी तरह का अभ्यास करना चाहिए। एक प्रकार की प्रवृत्ति ने हमें इस ओर ला दिया है। दूसरी ओर मुँह फेर लो और जितनी जल्दी हो सके, इस अवस्था के बाहर निकल जाओ। इंद्रियों का अर्थात् इंद्रिय-विषयों का ध्यान करते-करते हम इस क्षणभंगुर जीवन में गिर पड़े हैं। हमारी यह अवस्था है कि एक क्षण हम हँसते हैं और दूसरे ही क्षण रोने लगते हैं; हवा के हर एक झोंके के साथ चल विचल हो जाते

हैं; एक शब्द या जबान के गुलाम और यहाँ तक कि रोटी के एक टुकड़े तक के गुलाम बन गए हैं। यह कितनी लज्जा की बात है! और फिर भी हम अपने को आत्मा कहकर पुकारते हैं। पर इस आत्मा कहलाने का हमें कोई लाभ नहीं। हम संसार के गुलाम हैं और इंद्रियावलंबी, विषयाभिलाषी होने के कारण ही हमने अपनी ऐसी अवस्था कर डाली है। अब दूसरी दिशा को जाओ, दूसरा मार्ग ग्रहण करो, ईश्वर का ध्यान करो। परमात्मा का चिन्तन करो। अपने मन में किसी भौतिक या मानसिक सुख-भोग का चिन्तन मत करो और केवल परमात्मा की ओर ही अपने मन को लगाओ। जब मन किसी अन्य बात का विचार करने लगे, तो उसको ऐसे जोर से घूंसा जमाओ कि मन वहाँ से लौट पड़े और ईश्वर-चिंतन में प्रवृत्त हो जाए। 'जैसे तेल एक पात्र से दूसरे पात्र में डालते समय अविच्छित्र धारा में गिरता है और जैसे घंटा-नाद दूर में होता है और उसकी आवाज कान में एक लगातार धारा-प्रवाह के रूप में आती है, उसी प्रकार मन भी एक अविच्छित्र, लगातार धारा-प्रवाह में ईश्वर की ओर निरंतर दौड़ा करे।" हमें इस अभ्यास का अवलंबन केवल मन के लिए ही नहीं करना चाहिए, वरन् हमें अपनी इंद्रियों को भी इसी अभ्यास में लगाना चाहिए। कानों द्वारा व्यर्थ की बकवास न सुनकर हमें केवल ईश्वर की ही वार्ता सुननी चाहिए। जिव्हा द्वारा निरर्थक बातें न बोलकर ईश्वर की ही चर्चा करनी चाहिए। फालतू किताबें न पढ़कर हमें केवल ऐसे सद्ग्रंथों का ही पाठ करना चाहिए, जिनमें ईश्वर-संबंधी विषयों का विवेचन हो।

ईश-स्मरण का यह अभ्यास बनाए रखने के लिए हमें सबसे बढ़कर सहायता संभवतः गायन या संगीत द्वारा ही मिल सकती है। भक्ति के महान् आचार्य नारद से भगवान् कहते हैं:-

"हे नारद, न मैं बैकुंठ में ही रहता हूँ, और न मैं योगियों के हृदयों में ही रहता हूँ, मैं तो जहाँ मेरे भक्तगण मेरी स्तुति का गान करते हैं। वहीं रहता हूँ।"

मानव-हृदय पर संगीत का इतना प्रबल प्रभाव पड़ता है कि वह

क्षण भर में चित्त की एकाग्रता ला देता है। आप देखेंगे कि जड़, अज्ञानी, नीच और पशु वृत्तिवाले मनुष्य, जो अपने मन को क्षण भर के लिए भी स्थिर नहीं कर सकते, वे भी मनोहर संगीत का श्रवण करते ही तत्क्षण मुग्ध हो जाते हैं। सिंह, श्वान, मार्जार, सर्प आदि पशुओं के भी मन संगीत द्वारा मोहित हो जाते हैं।

तत्पश्चात् 'क्रिया' (कर्म) दूसरों की भलाई करना। ईश्वर का स्मरण स्वार्थी मनुष्य को नहीं रहता। हम जितने ही अपने से बाहर दृष्टि डालेंगे, जितना ही दूसरों का उपकार करेंगे, उतनी ही हमारे हृदय की शुद्धि होगी और उसमें परमात्मा का निवास होगा। हमारे शास्त्रों में पाँच क्रियाओं का उल्लेख है, जिन्हें 'पंचविध पूजा' या 'पंचमहायज्ञ' कहते हैं।

प्रथम है 'स्वाध्याय' मनुष्य को प्रतिदिन कुछ पवित्र और शुभ अध्ययन करना चाहिए।

दूसरा है 'देवयज्ञ' ईश्वर देवता या साधु-संतों की उपासना।

तीसरा है 'पितृयज्ञ' अपने पितरों के प्रति कर्तव्य।

चौथा है 'मनुष्य-यज्ञ' अर्थात् मानवजाति के प्रति हमारा कर्तव्य।

जब तक दरिद्री या गृहहीन निराश्रितों के लिए घर न बनवा दे, तब तक मनुष्य को स्वयं के घर में रहने का कोई अधिकार नहीं है। गृहस्थ का घर प्रत्येक दीन और दुःखी के लिए सदा खुला रहना चाहिए, तभी वह सच्चा गृहस्थ है। यदि कोई गृहस्थ यह समझता है कि मैं और मेरी पत्नी ये ही दो व्यक्ति संसार में हैं और केवल अपने और अपनी पत्नी के भोग के लिए ही वह घर बनाता है, तो वह 'ईश्वर का प्रेमी' कदापि नहीं हो सकता। यह उसका अत्यंत स्वार्थी कार्य है। केवल अपनी उदरपूर्ति के लिए भोजन पकाने का किसी मनुष्य को अधिकार नहीं है, दूसरों को खिलाने के बाद जो बच रहे, उसी को खाना चाहिए। भारतवर्ष में ऐसी साधारण प्रथा है कि जब ऋतु का फल आम, जामुन इत्यादि पहले-पहल बाजार में आता है, तो कुछ फल खरीदकर पहले गरीबों को दे देते हैं और फिर स्वयं खाते हैं। इस उत्तम प्रथा का

अनुकरण करना इस देश (अमेरिका) में अच्छा होगा। ऐसे व्यवहार से मनुष्य स्वयं नि:स्वार्थ बन जाएगा और अपनी पत्नी और बच्चों को भी सुशिक्षा प्रदान करेगा।

पुरातन काल में हीब्रु जाति के लोग पहली फसल के फलों को ईश्वर को अर्पण किया करते थे। प्रत्येक पदार्थ का प्रथम भाग दीनों को देना चाहिए। अवशिष्ट भाग पर ही हमारा अधिकार है। दरिद्र ही परमात्मा के स्वरूप (प्रतिनिधि) हैं। दु:खी ही ईश्वर का रूप है। जो मनुष्य बिना दिए खाता है और ऐसे खाने में सुख मानता है, वह पाप का भागी होता है।

पाँचवीं क्रिया है 'भूतयज्ञ' या मनुष्य की अपेक्षा नीची योनिवाले प्राणियों के प्रति हमारा कर्तव्य। समस्त जीवधारी मनुष्य के लिए ही बनाए गए हैं; इन प्राणियों की हत्या करके मनुष्य अपनी इच्छा के अनुसार उपयोग करे इसी लिए इन प्राणियों का निर्माण हुआ है यह भावना निरी पैशाचिक भावना है। यह शैतान का शास्त्र है, भगवान् का नहीं। शरीर के किसी अंग का अमुक भाग हिलता है कि नहीं, यह देखने के लिए जीवधारियों को उठाकर काट डालना कैसा घृणित कार्य है-विचारो तो सही! मुझे खुशी है कि हिंदू लोग ऐसी बातों को गवारा नहीं कर सकते, चाहे उन्हें अपने शासक विदेशी सरकार से इसके लिए कैसा भी प्रोत्साहन क्यों न मिले। हम जो अन्न खाते हैं, उसके भी एक भी अंश पर अन्य जीवधारियों का भी अधिकार है। उन्हें भी प्रतिदिन खिलाना चाहिए। यहाँ प्रत्येक नगर में इन दीन, लँगड़े या अंधे घोड़े, बिल्ली, कुत्ते, गाय-बैल इत्यादि पशुओं के लिए अस्पताल रहने चाहिए। वहाँ इन्हें खिलाया जाए तथा इनकी देखभाल की जाए।

इसके बाद की साधना है 'कल्याण' या 'पवित्रता', जिसके अंतर्गत कई बातें हैं:-

प्रथम-'सत्यम' या 'सत्यता'। जो सत्यनिष्ठ है, सत्यरूपी ईश्वर उनके समीप आता है। विचार, वाणी और कार्य सभी पूर्ण रूप से सत्य हों।

द्वितीय– 'आर्जव'-निष्कपट भाव या सरलता। इस शब्द का अर्थ है सादगी, हृदय में कुटिलता या टेढ़ापन नहीं, 'हृदय आन, मुख आन' का व्यवहार न हो। यदि कुछ कड़ा या अप्रिय भी होना पड़े, तो भी सीधे चलना और टेढ़ापन काम में नहीं लाना।

'दया' –करुणा या सहानुभूति।

'अहिंसा' –मनसा, वाचा, कर्मणा किसी को हानि न पहुँचाना।

'दान' –दान से बढ़कर और कोई धर्म नहीं है। सबसे नीच मनुष्य वह है, जिसका हाथ सदा अपनी ओर रहे और अपने लिए ही सब पदार्थों को लेने में लगा हो। और सबसे उत्तम पुरुष वह है, जिसका हाथ बाहर की ओर है और दूसरों को देने में लगा हो। हाथ इसीलिए बनाए गए हैं कि सदा दान करते रहो। तुम स्वयं भूखे रहकर भी अपने पास की रोटी का अंतिम टुकड़ा, अन्न का अंतिम ग्रास तक भी दे डालो। यदि दूसरों को देते-देते उपवास से तुम्हारी मृत्यु भी हो जाए, तो क्षण भर में ही तुम मुक्त हो जाओगे, तत्क्षण तुम पूर्ण हो जाओगे, उसी क्षण तुम ईश्वर हो जाओगे। जिन मनुष्यों के बाल-बच्चे हैं, जिनके गले ये बाल-बच्चे पड़े हैं वे मनुष्य तो बद्ध ही हैं। वे दान नहीं कर सकते। वे बाल-बच्चों का सुख भोगना चाहते हैं, अतः उन्हें उस लोभ का मूल्य देना पड़ता है। क्या संसार में पर्याप्त बाल-बच्चे नहीं हैं? यह निरी स्वार्थ-बुद्धि है कि मेरा भी एक बच्चा हो!

इसके बाद की साधना है 'अनदसाद' –इसका शब्दार्थ है हताश न होना, निराश न होना, अर्थात् प्रसन्नता। उदास रहना धर्म कदापि नहीं है, चाहे वह और कुछ भले ही हो। प्रसन्न रहने से और हँसमुख रहने से तुम ईश्वर के समीप पहुँच जाओगे। प्रार्थना की अपेक्षा प्रसन्नता के द्वारा हम ईश्वर के अधिक निकट पहुँच सकते हैं। ग्लानिपूर्ण या उदास मन से प्रेम कैसे हो सकता है? यदि ऐसे मनवाले प्रेम की बात करें, तो वह मिथ्या है। वे तो दूसरों को कष्ट देना चाहते हैं। धर्मांधों (या कट्टरपंथियों) की ही बात सोचिए। ऐसे लोग मुखमुद्रा तो बड़ी गंभीर बनाते हैं, पर उनका सारा धर्म वाणी द्वारा और कार्यों द्वारा

दूसरों के साथ लड़ाई-झगड़ा करते रहना ही हुआ करता है। उनके कार्यों की और भूतकाल के इतिहास में देखिए और यदि उन्हें स्वतंत्रता दे दी जाए, तो अभी वे क्या करेंगे इसे सोचिये। सारे संसार को यदि खून की नदी में डुबा देने से उन्हें कोई अधिकार प्राप्त होता हो, तो वे कल ही ऐसा कर डालें, क्योंकि उनका ईश्वर है। ऐसी वीभत्सता की आराधना करने और गंभीर मुखमुद्रा बनाए रहने के कारण उनके हृदय में प्रेम का नामोनिशान तक नहीं रह पाता और उन्हें किसी पर दया नहीं आती। अतः जो मनुष्य सदा अपने को दुःखी मानता है, उसे ईश्वर की प्राप्ति नहीं हो सकती। "मैं कितना दुःखी हूँ," ऐसा सोचते रहना आसुरी भावना है, धर्म नहीं। हर मनुष्य अपना-अपना बोझा ढोने के लिये है। यदि तुम दुःखी हो, तो सुखी बनने का प्रयत्न करो, अपने दुःखों पर विजय प्राप्त करो। दुर्बलों को ईश्वर की प्राप्ति नहीं होती। अतः दुर्बल कदापि न बनो। तुम्हारे अंदर असीम शक्ति है, तुम्हें शक्तिशाली बनना चाहिए। अन्यथा तुम किसी भी वस्तु पर विजय कैसे प्राप्त करोगे? साथ ही साथ अतिशय हर्ष अर्थात् हर्षोद्रेक या उद्धर्ष से भी बचे रहो। अति हर्ष की अवस्था में भी मन कभी शांत नहीं रह सकता, मन में चंचलता आ जाती है। और अति हर्ष के बाद सदा दुःख ही आता है। हँसी और आँसू का घनिष्ठ संबंध है। मनुष्य बहुधा एक अतिरेक से दूसरे की ओर दौड़ पड़ते हैं। चित्त सदा प्रसन्न रहे, पर शांत हो। उसे अतिशयिता की ओर कदापि भागने नहीं देना चाहिए, क्योंकि प्रत्येक अतिशयिता का परिणाम उलटा ही हुआ करता है।

ये ही -श्री रामानुजाचार्यजी के मतानुसार-भक्ति की साधनाएँ हैं।

2. प्रथम सोपान या भक्ति की प्रथम सीढ़ीयाँ

भक्ति के विषय में लिखने वाले तत्त्व वेत्तागण भक्ति की व्याख्या "ईश्वर के प्रति परम अनुराग" किया करते हैं। पर प्रश्न यह है कि मनुष्य ईश्वर पर प्रेम या अनुराग क्यों करे? जब तक हम यह बात न समझ लें, तब तक भक्ति के विषय में हमें कुछ भी बोध नहीं हो सकता। जीवन के बिलकुल भिन्न-भिन्न प्रकार के दो आदर्श हैं। सभी देशों के मनुष्य, चाहे वे किसी भी धर्म के अनुयायी हों, यह जानते हैं कि मनुष्य देह भी है और आत्मा भी है। पर मानव-जीवन के अंतिम साध्य या उद्देश्य के संबंध में बहुत मतभेद है। पाश्चात्य देशों में साधारणतः मनुष्य के देहस्वरूप पर बहुत जोर दिया जाता है और हिंदुस्तान में भक्ति विषय के लेखकगण या तत्त्ववेत्ता लोग मनुष्य के आत्मस्वरूप पर जोर देते हैं। यही अंतर पूर्वी और पश्चिमी राष्ट्रों के भौक्तिक भेद का उदाहरण है। साधारण बोल-चाल में भी यही बात देखने में आती है। इंग्लैंड में मृत्यु के संबंध में कहा जाता है कि मनुष्य ने आत्मा का त्याग किया (a man gives up his ghost); और हिंदुस्तान में कहते हैं कि मनुष्य ने देह का त्याग किया (a man gives up his body) प्रथम पक्ष का (पाश्चात्यों का) भाव यह है कि मनुष्य एक देह है और उसमें आत्मा होती है। द्वितीय पक्ष (पौर्वात्यों का) यह भाव है कि मनुष्य आत्मा है और उसके देह होती है। इस मतभेद से कई जटिल समस्याएँ उत्पन्न होती हैं। स्वाभाविक परिणाम यह होता है कि जिस

देश में यह आदर्श है कि मनुष्य शरीर है और उसकी आत्मा होती है, वहाँ शरीर पर ही सारा जोर दिया जाता है। यदि उनसे पूछो कि मनुष्य किसलिए जीता है, तो उत्तर यही मिलेगा कि इंद्रियों का सुख भोगने के लिये; धन-दौलत, आप्त-बंधु और ऐहिक पदार्थों का उपभोग करने के लिये। इनसे भी परे कोई वस्तु होती है, ऐसा यदि तुम उसे बताओगे तो वह उसकी कल्पना भी नहीं कर सकता। भविष्य जीवन या परलोक विषयक उसकी केवल यही धारणा है कि यह सुख-भोग सतत् बना रहे। उसे बड़ा दु:ख इस बात का है कि इसी लोक में वह सदा इस इंद्रिय-सुख-भोग में रह नहीं सकता और उसे यह लोक छोड़कर जाना पड़ता है। पर वह तो यही समझता है कि चाहे जिस तरह भी हो, वह एक ऐसे स्थान में जाएगा, जहाँ उसे यही इंद्रिय-सुख-भोग पुन: प्राप्त होगा। वहाँ उसे ये ही सब इंद्रियाँ प्राप्त होंगी, ये ही सब सुख-भोग उसे मिलेंगे, पर वहाँ ये सब चीजें उच्च श्रेणी की होंगी और अधिक मात्रा में मिलेंगी। वह ईश्वर की पूजा इसलिए करता है कि ईश्वर उसके इस उद्देश्य की पूर्ति का साधन है। उसके जीवन का लक्ष्य है इंद्रिय-विषय-भोग, और वह यह समझता है कि ईश्वर एक ऐसा व्यक्ति है जो अत्यधिक काल तक उसे यह विषय-भोग दे सकता है। इसी कारण वह ईश्वर की पूजा या उपासना करता है। इसके विपरीत, भारतवासियों की कल्पना यह है कि ईश्वर ही जीवन का लक्ष्य है, ईश्वर से परे या ईश्वर से श्रेष्ठ और कुछ नहीं है। इन सब इंद्रिय-सुख भोगों के मार्ग के भीतर से हम केवल इस आशा से चले जा रहे हैं कि हमें आगे इनसे उच्चतर वस्तुओं की प्राप्ति होगी। केवल यही नहीं, यदि मनुष्य को इन इंद्रिय-विषय-भोगों के सिवाय और कुछ नहीं मिलना है, तो उसकी दशा बड़ी दु:खदाई और भयानक है। हम प्रतिदिन अपने जीवन में देखते हैं कि मनुष्य के इंद्रिय-विषय भोग की मात्रा जितनी ही कम हो उतना ही उसका जीवन उच्चतर होता है। जब कुत्ता भोजन करता है, तब उसकी ओर देखिये। भोजन करने से वैसा संतोष मनुष्य को नहीं प्राप्त होता। शूकर की ओर देखिये। खाते-खाते कैसी हर्ष-ध्वनि करता है। ऐसा कोई मनुष्य-प्राणी

उत्पन्न नहीं हुआ, जिसे भोजन करने में उतना आनंद आए। नीच श्रेणी के प्राणियों की श्रवण-शक्ति का विचार कीजिए। उनकी अवलोकन-शक्ति के विषय में सोचिए। उनकी समस्त इंद्रियाँ कैसी उन्नत अवस्था को पहुँची हुई होती हैं। उनके इंद्रिय-सुख की मात्रा निःसीम होती है। वे इस इंद्रिय-सुख-भोग से हर्ष और आनंद में एकदम उन्मत्त हो उठते हैं। मनुष्य भी जितनी ही नीची श्रेणी में होगा, उतना ही अधिक आनंद उसे इंद्रिय-विषयों में आएगा। मनुष्य जैसे-जैसे उन्नति करता जाएगा, वैसे-वैसे विवेक और प्रेम उसके जीवन के आदर्श बनते जाएँगे। उसकी इन प्रवृत्तियों का जैसे-जैसे विकास होता जाएगा, वैसे-वैसे उसकी इंद्रिय-विषयों में आनंद अनुभव करने की शक्ति क्षीण होती जाएगी। उदाहरण के लिए देखिए, यदि हम मान लें कि मनुष्य को अमुक परिमाण में शक्ति दी गई और उस शक्ति का व्यय वह अपने शरीर, मन या आत्मा के लिए कर सकता है, तो इनमें से यदि वह किसी एक विभाग में अपनी सब शक्ति व्यय कर दे, तो बाकी विभागों में व्यय करने के लिए उसके पास उसकी शक्ति उतनी ही कम मात्रा में शेष रहेगी। सभ्य जातियों की अपेक्षा अज्ञानी या जंगली जातियों की इंद्रिय-शक्ति अधिक तेज़ होती है। यथार्थ में इतिहास से हम एक यह शिक्षा भी ग्रहण करते हैं कि जैसे-जैसे राष्ट्र सभ्य होता है, वैसे-वैसे उसकी स्नायु-शक्ति(मस्तिष्क शक्ति) तो तेज होती जाती है, पर शारीरिक दुर्बलता बढ़ती जाती है। किसी जंगली जाति को सभ्य बनाओ और यही बात तुम्हें दिखाई देगी। अन्य जंगली जाति इस पर चढ़ाई करके इसे जीत लेगी। प्रायः सदा जंगली जाति ही विजयी होती है। इससे हम देख सकते हैं कि यदि हमें सर्वदा इंद्रियों के विषय-भोग के सुख की इच्छा है, तो हम अपने को पशु की अवस्था में गिरा देंगे। जब मनुष्य यह कहता है कि मैं ऐसे स्थान में जाऊँगा, जहाँ इंद्रियों के सुखोपभोग की वृद्धि हो, तब वह यह नहीं समझता कि मैं यह क्या माँग रहा हूँ—मैं किस बात की इच्छा कर रहा हूँ। ऐसी अवस्था तो उसे नर देह त्यागकर पशु-योनि में पतित होने से ही मिल सकती है। शूकर को यह भावना कभी होती ही नहीं कि

वह मैला खा रहा है। वह मलभक्षण ही उसका स्वर्ग है। यदि स्वर्ग के देवता भी उसे दर्शन देने आएँ, तो उनकी ओर वह लौटकर देखेगा तक नहीं, क्योंकि उसका सारा अस्तित्व तो उसके खाने में ही समाया है।

इंद्रिय-विषय सुखों से परिपूर्ण स्वर्ग की कामना करने वाले मनुष्य भी उसी प्रकार हैं। वे शूकर की तरह इंद्रिय-विषयों की कीचड़ में लोट रहे हैं और उसके परे वे कुछ देख ही नहीं सकते। यही इंद्रिय-भोग वे चाहते हैं और इसका छूटना ही उनके लिए स्वर्ग का खोना है। भक्त शब्द का अत्युच्च अर्थ में प्रयोग करते हुए यही कहना पड़ेगा कि ऐसे मनुष्य भक्त कभी नहीं हो सकते। ये मनुष्य ईश्वर के सच्चे प्रेमी कदापि नहीं बन सकते। फिर भी यदि इस निचली श्रेणी का आदर्श थोड़े-ही समय के लिए रहे, तो समय पाकर यह आदर्श बदल जाएगा। हर एक मनुष्य यह समझने लगेगा कि इससे भी कोई उच्चतर वस्तु है, जिसका ज्ञान उसे पहले नहीं था। और इस प्रकार तब जीवन के प्रति और इंद्रिय-विषयों पर उसकी आसक्ति क्रमशः नष्ट हो जाएगी। जब मैं छोटा बालक था और पाठशाला में पढ़ रहा था, उस समय मेरे एक सहपाठी से मिठाई या ऐसे ही किसी अन्य वस्तु के लिए झगड़ा हो गया। वह लड़का अधिक बलवान् था। इस कारण उसने वह वस्तु मेरे हाथ से छीन ली। उस समय मेरे मन में जो भाव आया सो मुझे अभी भी स्मरण है। मैं सोचने लगा, इस लड़के के समान दुष्ट संसार में दूसरा कोई है ही नहीं और जब मुझमें ताकत आ जाएगी, तब मैं इस दुष्ट को दंड दूंगा; इसकी दुष्टता को देखते हुए कोई भी दंड इसके लिए पर्याप्त नहीं है। अब हम दोनों ही बड़े हो गए हैं और हम दोनों परम मित्र बन गए हैं। इसी तरह इस संसार में सर्वत्र छोटे-छोटे बच्चे ही भरे पड़े हैं। खाने-पीने और अन्य इंद्रियों के भोग्य वस्तु ही इन बच्चों का सर्वस्व हैं। इन वस्तुओं के एक टुकड़े का भी खोना इनको भयानक प्रतीत होता है। ये बच्चे केवल रोटी, पूरी या मालपूआ का ही स्वप्न देखा करते हैं। भविष्य-जीवन या परलोक विषयक उनकी कल्पना भी यही है कि वहाँ पूरी-मालपूआ का ढेर लगा रहेगा। अमेरिकन इंडियन

को देखो। वह यही सोचता है कि परलोक में उसे शिकार की सामग्री बहुत मिलेगी और उसी से उसका भविष्य जीवन सुखमय बनेगा। हर किसी को अपनी-अपनी वासना के अनुसार ही स्वर्ग की कल्पना रहा करती है। पर कालान्तर में जैसे-जैसे हम बड़े होते जाते हैं, हम उच्चतर वस्तुओं को देखते जाते हैं और इन सबके परे और भी उच्चतर दृश्यों के आभास हमें प्राप्त होते हैं।

आधुनिक काल की साधारण प्रथा के अनुसार सभी वस्तुओं के प्रति अविश्वास करके हमें परलोक-विषयक सभी धारणाओं का त्याग नहीं करना चाहिए। इस तरह हर बात को उड़ा देना नाश या संहार का लक्षण है। नास्तिक, जो सभी बातों को उड़ा देता है, वह भूला हुआ है। पर भक्त तो इससे और ऊँचा देखता है। नास्तिक स्वर्ग जाना नहीं चाहता, क्योंकि वह तो स्वर्ग को मानता ही नहीं। पर भगवद्भक्त भी स्वर्ग जाना नहीं चाहता, क्योंकि उसकी दृष्टि में स्वर्ग बच्चों का खिलौना मात्र है। भगवद्भक्त तो चाहता है केवल ईश्वर को। ईश्वर से बढ़कर साध्य, आदर्श या लक्ष्य हो ही क्या सकता है? स्वयं परमात्मा ही मनुष्य-जीवन का चरम लक्ष्य है। उसी ईश्वर का दर्शन करो। उसी ईश्वर का आनंद लूटो। हम ईश्वर से बढ़कर उच्च वस्तु की कल्पना ही नहीं कर सकते, क्योंकि ईश्वर ही पूर्णस्वरूप है। हम प्रेम से बढ़कर सुख या आनंद की कल्पना नहीं कर सकते। पर इस 'प्रेम' शब्द के कई अर्थ है। इसका अर्थ संसार का साधारण स्वार्थमय प्रेम नहीं है, इस संसारी प्रेम को प्रेम कहना अधर्म होगा। अपने बच्चों और अपनी स्त्री के प्रति हमारा जो प्रेम होता है, वह केवल पाशविक प्रेम है। जो प्रेम पूर्णतया निःस्वार्थ हो, वही प्रेम, प्रेम है और वह ईश्वर का प्रेम है। उस प्रेम को प्राप्त करना बड़ी कठिन बात है। हम इन भिन्न-भिन्न प्रेम, संतति, पितृ-प्रेम, मातृ-प्रेम इत्यादि के मार्ग में से जा रहे हैं। हम प्रेम की प्रवृत्ति का धीरे-धीरे अभ्यास कर रहे हैं, पर बहुधा इससे कुछ सीख नहीं पाते; बल्कि हम एक ही सीढ़ी पर, एक ही व्यक्ति से, आसक्त हो जाते हैं या बँध जाते हैं। कभी-कभी मनुष्य इस बंधन से

छूट भी जाते हैं। इस संसार में मनुष्य सदा स्त्रियों के पीछे, धन के पीछे, मान के पीछे दौड़ते-फिरते हैं। कभी-कभी उन्हें ऐसी जबरदस्त ठोकर लगती है कि उनकी आँख खुलती है और उन्हें प्रतीत होता है कि यह संसार यथार्थ में क्या है। इस संसार में कोई भी मनुष्य ईश्वर को छोड़ अन्य किसी वस्तु पर यथार्थ प्रेम नहीं कर सकता। मनुष्य को पता लग जाता है कि मानव-प्रेम हर तरह से पोला है, निःसार है, मनुष्य प्रेम कर नहीं सकते। वह तो केवल बातें ही करना जानते हैं। पत्नी कहती है कि मैं पति से प्रेम करती हूँ और ऐसा कहकर वह अपने पति का चुम्बन करती है। पर ज्योंही पति की मृत्यु हो जाती है, तो सबसे पहले पत्नी का ध्यान अपने पति के जमा किए हुए बैंक के धन के हिसाब की ओर जाता है और पत्नी यही सोचने लग जाती है कि कल मैं क्या-क्या करूँगी। पति पत्नी पर प्रेम करता है, पर जब पत्नी बीमार हो जाती है और उसका रूप नष्ट हो जाता है या यौवनकाल बीतकर पत्नी को बुढ़ापा घेर लेता है या पत्नी कोई गलती कर डालती है, तब पति उस पत्नी की चिन्ता करना छोड़ देता है। संसार के समस्त प्रेम-प्रदर्शन में निरा दम्भ है, निःसारता है, खोखलापन है।

नाशवान् (सान्त) वस्तु प्रेम नहीं कर सकती और नाशवान् (सान्त) वस्तु पर प्रेम नहीं किया जा सकता। जब मनुष्य के प्रेम का पात्र हर क्षण मृत्यु-मुख में है और उस मनुष्य की आयु वृद्धि के साथ-साथ सदा मन में भी परिवर्तन हो रहा है, तो ऐसी अवस्था में संसार में शाश्वत प्रेम-स्थायी प्रेम-प्राप्त करने की आशा ही कहाँ हो सकती है? ईश्वर को छोड़ अन्यत्र प्रेम कैसे ठहर सकता है? तो फिर इन भिन्न-भिन्न प्रेमों का क्या प्रयोजन? ये प्रेम केवल सीढ़ियाँ या सोपान मात्र हैं। इसके पीछे एक ऐसी शक्ति है, जो हमें सदा यथार्थ प्रेम की ओर प्रेरित कर रही है। हमें पता नहीं कि हम यथार्थ वस्तु को कहाँ ढूँढें। पर यह प्रेम ही हमें उस मार्ग में, अर्थात् उसकी खोज में अग्रसर कर रहा है। पुनः-पुनः हमें अपनी गलती सूझती है। हम एक वस्तु को ग्रहण करते हैं, पर देखते हैं कि वह हमारी मुठ्ठी से निकली जा रही

है, तब हम किसी दूसरी वस्तु को पकड़ लेते हैं। इसी प्रकार आगे ही आगे बढ़ते चले जाते हैं। तब हमें प्रकाश दिखाई देता है। तब हम परमात्मा के पास पहुँचते हैं और वह ईश्वर ही एकमात्र प्रेमी है। उसके प्रेम में कभी कोई विकार नहीं होता और उसका प्रेम हमें सदा अपने में लीन करने को प्रस्तुत रहता है। उसके प्रेम में कभी कोई अंतर नहीं पड़ता और वह सदा हमें अपनाने को तैयार रहता है। यदि मैं तुम लोगों को कष्ट देऊं तो तुम मुझे कब तक क्षमा करोगे? पर वह क्षमा कर सकता है। उसके मन में क्रोध, घृणा या द्वेष है ही नहीं। वह अपनी समता कभी नहीं खोता। वह सदा समान व्यवहार रखता है। वह न कभी मरता, न कभी जन्म ही लेता। ईश्वर के अतिरिक्त ऐसा कौन हो सकता है? पर ईश्वर-प्राप्ति का मार्ग बहुत लम्बा है और बड़ा कठिन है। बहुत ही थोड़े मनुष्य ईश्वर को प्राप्त करते हैं। हम सब तो हाथ-पैर पटकनेवाले बच्चे हैं। लाखों मनुष्य इस भक्तिमार्ग का या धर्ममार्ग का केवल रोजगार करते हैं। हर कोई उसकी बातें करता है, पर विरला ही उस भक्ति को प्राप्त कर पाता है। शताब्दी भर में बहुत-थोड़े मनुष्य ईश्वर के प्रेम को प्राप्त करते हैं। इन मनुष्यों से समस्त देश कृतार्थ और पावन हो जाता है, जैसे सूर्योदय से समस्त अंधकार दूर हो जाता है। जब ईश्वर के भक्त का अवतार होता है, तब सारा देश धन्य और पवित्र हो जाता है। सारे संसार में एक शताब्दी भर में ऐसे भगवद्भक्त तो बहुत ही कम संख्या में जन्म लेते हैं, पर ईश्वर-प्रेम को प्राप्त करने का प्रयत्न हम सब को करना चाहिए और यह कौन जानता है कि ईश्वर का पूर्ण प्रेम तुमको या मुझे ही इसके बाद के (दूसरे) क्षण में ही न प्राप्त हो जाए। अत: हमें इसके लिए सदैव प्रयत्न करते रहना चाहिए। हम कहते हैं कि स्त्री अपने पति पर प्रेम करती है और स्त्री भी समझती है कि उसकी संपूर्ण आत्मा अपने पति में ही लीन है, पर उसके अब एक बालक उत्पन्न होता है और उस स्त्री के प्रेम का आधा या उससे भी अधिक अंश उस बालक की ओर खिंच जाता है, तब उस स्त्री को स्वयं ऐसा मालूम होने लगता है कि अब उस का प्रेम पति की ओर

उसी प्रकार का नहीं रहा। इस तरह पिता के प्रेम को भी जानिए। हम यह सदा ही देखते हैं कि जब हमें कोई अधिक प्रेम पात्र वस्तु प्राप्त हो जाती है, तब हमारे पहले के प्रेम का धीरे-धीरे लोप हो जाता है। जब तुम पाठशाला में पढ़ते थे, तब समझते थे कि तुम्हारे कुछ सहपाठी ही तुम्हारे जीवन में सबसे बढ़कर तुम्हारे प्रेमी हैं, या उस समय तुम्हारे माता-पिता ही तुम्हें सबसे अधिक प्यारे थे। उसके बाद तुम पति या पत्नी बने और तुरंत ही तुम्हारे पूर्वभाव बदल गए और तुम्हारे जीवन के ये नये प्रेमी ही तुम्हारे सर्वोच्च प्रेम-पात्र बन गए। एक तारा का उदय होता है, उसके बाद उससे बड़ा तारा उगता है, तत्पश्चात् उससे भी बड़ा तारा दिखाई देता है और अंत में सूर्य का दर्शन होता है। और तमाम छोटे प्रकाशक ग्रह विलीन हो जाते हैं। परमात्मा ही इस तरह का सूर्य है और ये कम श्रेणी के प्रेम-पात्रगण तारामंडल हैं। और जब वह सूर्य प्रकट होता है, तब मनुष्य को उन्माद हो जाता है। ऐसे मनुष्य को श्री इमर्सन 'भगवत्प्रेमोंन्मत्त पुरुष' कहते हैं। अन्त में वह मनुष्य ईश्वररूप हो जाता है और समस्त पदार्थ उस प्रेम के ही एक मात्र समुद्र में डूब जाते हैं। साधारण प्रेम केवल पाशविक आकर्षण मात्र होता है। यदि ऐसा न होता, तो स्त्री-पुरुष के भेद की आवश्यकता ही क्या थी? यदि मूर्ति के सामने कोई घुटना टेकता है, तब तो वह कार्य घृणित मूर्तिपूजा कहलाता है और जब वह अपने पति या पत्नी के पैरों पर गिरता है, तो वह आदर्श कार्य समझा जाता है।

पर तुम्हें तो इन छोटे प्रेमों के भीतर से ही जाना होगा। तुम्हें प्रथम अपना मार्ग परिष्कृत करना होगा। तुम अपने जीवन को जिस दृष्टि से देखोगे, उसी के आधार पर तुम्हारे प्रेम का सारा सिद्धांत अवलंबित रहेगा। इस संसार को ही जीवन का अंतिम ध्येय और साध्य वस्तु मान लेना निरी पाशविक और अवनतिकारी भावना है। जो मनुष्य ऐसी भावना लेकर अपने जीवनपथ पर कदम रखता है, वह अपने को अवनत करता है, अपने आपको गिराता है। ऐसा मनुष्य कभी उन्नति नहीं कर सकता;, अपने को ऊँचा नहीं उठा सकता; वह कभी भी अपने पीछे रहने वाली

उस अन्तर्दित ज्योति का आभास प्राप्त नहीं कर सकता। वह तो सदा इंद्रियों का ही दास बना रहेगा। वह तो सदा केवल रूपये जुटाने की ही खटपट करता रहेगा, ताकि उसे खाने को कुछ रोटियाँ मिल जाया करें। ऐसी जिंदगी जीने से तो मर जाना ही बेहतर है। ऐ इस संसार के गुलामो! अपनी इंद्रियों के दासो! अपने को जाग्रत् करो! इससे बढ़कर कुछ उच्च तत्त्व और भी हैं। आप क्या यही समझते हैं कि यह मानव–यह अनंत आत्मा, अपनी आँख, कान और नाक का गुलाम बनने के लिए ही पैदा हुआ है? इसके पीछे एक अनंत सर्वदर्शी आत्मा विद्यमान है, जो सब कुछ करने में समर्थ है, जो समस्त बंधनों को तोड़ सकती है। यथार्थ में हम ही वह आत्मा हैं और प्रेम के द्वारा ही यह शक्ति हमें प्राप्त होती है। अत: स्मरण रखो कि यही हमारा आदर्श है। पर यह आदर्श हमें कल ही प्राप्त होनेवाला नहीं है। हमें वह आदर्श मिल गया ऐसी कल्पना भले ही कर लें पर आखिर वह कल्पना मात्र ही होगी। वह आदर्श हमसे दूर–बहुत दूर–है। जिस अवस्था में मनुष्य अभी है हमें उसी पर ध्यान रखकर हमें–यदि संभव हो तो–उसे आगे बढ़ने में सहायता देनी चाहिए। मनुष्य इस जड़-सृष्टि को यथार्थ मानता है। हम-तुम सभी जड़वादी ही हैं। हम ईश्वर के संबंध में, आत्मा के संबंध में, बातें करते हैं सो ठीक है, पर ये तो समाज में प्रचलित कुछ शब्द मात्र ही हैं। हमने इन शब्दों को तोते की भांति रट लिया है और हम इन शब्दों का उच्चारण कर दिया करते हैं। अत: हम जिस अवस्था में हैं जड़वाद को मनानेवाले हैं–उसका ध्यान रखना होगा। हमें जड़ वस्तुओं की सहायता भी लेनी होगी और इसी प्रकार क्रमश: धीरे-धीरे आगे बढ़ना होगा। तभी हम यथार्थ आत्मवादी बनेंगे; तभी हम अपने आपको आत्मा हैं ऐसा अनुभव करने लगेंगे। तभी हम आत्मा को समझेंगे और हमें यह पता लगेगा कि यह संसार, जिसे हम अनंत कहा करते हैं, वह उसके भीतर रहनेवाली वस्तु का केवल बाह्य और स्थूल स्वरूप मात्र है। परंतु इसके सिवाय कुछ और भी आवश्यक है। आप लोगों ने बाइबल में ईशूखिस्त के 'पर्वत पर के उपदेश' (Sermon on the Mount) में पढ़े हैं– "माँगो और वह तुमको दे दिया जाएगा; ढूँढ़ो और तुम पा जाओगे, दरवाजा खटखटाओ और वह तुम्हारे लिए खोल दिया जाएगा।" पर कठिनाई तो यही है। ढूँढ़ता कौन है? चाहता कौन है? हम सब कहते हैं कि हम ईश्वर को जानते हैं। यदि एक मनुष्य 'ईश्वर नहीं है' यह सिद्ध करने के लिए एक बृहत् ग्रंथ लिखता है, तो दूसरा ईश्वर का अस्तित्व प्रमाणित करने के लिये। एक मनुष्य अपनी सारी उम्र भर ईश्वर का अस्तित्व सिद्ध करना ही अपना कर्तव्य समझता है, तो दूसरा उस मत का खंडन करना ही उचित समझता है और इसी कारण वह मनुष्यों को यही उपदेश देता फिरता है कि ईश्वर है ही नहीं। ईश्वर के अस्तित्व का खंडन या मंडन करने के लिए पुस्तकें लिखने का क्या प्रयोजन, ईश्वर हो चाहे न हो, इससे बहुसंख्यक जनता को मतलब ही क्या है? इस शहर के रहनेवाले अधिकांश मनुष्य प्रातःकाल उठते हैं और जलपान करते हैं। ईश्वर उन्हें कपड़ा पहनने या खाने में सहायता देने थोड़े ही आता है। मनुष्य काम करने के लिए जाता है, सारा दिन वह काम करता है और पैसे कमाता है, अपना धन बैंक में जमा करता है और घर लौटता है, भोजन करता है और सो जाता है। यह सब काम वह ठीक एक यंत्र के माफिक करता है। इन सब कामों को करते समय ईश्वर का कोई विचार उसके मन में नहीं आता। ईश्वर की कोई आवश्यकता उसे प्रतीत नहीं होती। ऐसा करते-करते एक दिन काल आ पहुँचता है और पुकारता है, "चलो!" उस समय वह मनुष्य कहता है, "जरा ठहरो, मुझे कुछ मोहलत और चाहिये; मेरा बेटा सोहन थोड़ा बड़ा हो जाए।" मगर काल कहता है– "चलो, तुरन्त चलो!" ऐसा ही हुआ करता है। वह बेचारा सोहन का बाप चला। उस बेचारे से हम क्या कहें? उसकी जिंदगी में उसे ऐसी कोई वस्तु ही नहीं मिली जो उसे बतला देती कि ईश्वर ही सर्वोत्तम पदार्थ है। संभवतः वह पूर्वजन्म में शूकर रहा हो और अब मनुष्य योनि में जन्म लेकर बहुत अच्छी अवस्था में है। पर सारे संसार में तो सोहन के ही पिता नहीं हैं। यहाँ कई ऐसे भी लोग हैं, जिनकी कुछ जागृति हो चुकी है। कोई विपत्ति आ पड़ती

है, हमारे किसी प्रियतम की मृत्यु हो जाती है, जिस पर हमने अपनी सारी आत्मा समर्पित कर दी थी, जिसके लिए हम सारे संसार को, अपने सगे भाई को भी ठगा करते थे, जिसके लिए हम हर प्रकार के घृणित कार्य करते नहीं हिचकते थे, हमारे उसी प्रियतम का विनाश हो जाता है तब हमें एक जोरदार आघात पहुँचता है। हमारी आत्मा से एक आवाज निकलती है और पूछती है, "कहो, अब आगे क्या होगा?" जिस पुत्र को धनी बनाने के लिए हर किसी को वह ठगता था, यहाँ तक कि स्वयं भी भूखा रह जाता था, वही पुत्र मर जाता है। तब उस आघात से पिता की आँखें खुलती हैं। जिस पत्नी की प्राप्ति के लिए सदा उन्मत्त साँड़ की तरह हर किसी से वह झगड़ा करता फिरता था, जिसके लिए नए-नए वस्त्र और अलंकारों का आयोजन करने के लिए वह धन संचित करता था, वही पत्नी एक दिन अकस्मात् मर जाती है! तब क्या होता है? कभी-कभी मृत्यु का दौरा होता है और उससे कोई आघात नहीं पहुँचता, पर ऐसे प्रसंग बहुत कम होते हैं। जब हमारे प्रिय पदार्थ हमारे हाथ से खिसक जाते हैं, तब हममें से अधिकांश तो यही चिल्ला उठते हैं, कि "अब कैसा होगा?" इंद्रियों पर हमारी कैसी घोर आसक्ति है? आपने सुना ही है कि डूबता मनुष्य तिनके का सहारा पकड़ता है। मनुष्य पहले तो तिनके को ही पकड़ता है और जब वह तिनका उसके काम नहीं आता, तब वह पुकारता है, कि "मुझे कोई उबारो"। तथापि मनुष्यों को उच्चतम वस्तुओं की प्राप्ति होने के पूर्व अपने पिछले दुष्कर्मों का कडुआ फल अनुभव करना ही पड़ता है। पर यह भक्ति एक 'धर्म' है। धर्म बहुत से लोगों की चीज़ नहीं होती। ऐसा होना असंभव है। घुटनों की कवायत खड़े होना, बैठ जाना यह तो बहुत से लोगों के करने की चीज़ हो सकती है, पर 'धर्म' तो केवल थोड़े से ही मनुष्यों की वस्तु होती है। हर देश में कुछ ही सैकड़ मनुष्य ऐसे होते हैं, जो धार्मिक हो सकते हैं। बाकी लोग धार्मिक नहीं हो सकते, क्योंकि वे जागृत् ही नहीं होंगे; उन्हें इसकी आकांक्षा ही नहीं है। मुख्य बात तो है ईश्वर प्राप्ति की आकांक्षा या लालसा। सामान्यतः हमें ईश्वर

के सिवाय अन्य सभी वस्तुओं की आकांक्षा होती है; क्योंकि हमारे सभी स्वार्थों की पूर्ति बाहरी संसार के द्वारा हो जाती है। और जब हमें इस बाह्य संसार के उस पार की चीजों की आवश्यकता होती है, तभी हम उनकी पूर्ति अन्त:स्थ तत्त्व से या ईश्वर से कराना चाहते हैं। हमारी आवश्यकताएँ जब तक इस भौतिक सृष्टि की संकुचित सीमा के भीतर की वस्तुओं तक ही परिमित रहती हैं, तब तक हमें ईश्वर की कोई जरूरत ही नहीं पड़ती। और जब हम यहाँ की हरएक चीज से ऊब जाते हैं, तभी हमारी दृष्टि अपनी आवश्यकताओं की पूर्ति के लिए इस सृष्टि के परे दौड़ती है। और जब आवश्यकता होगी, तभी तो उसकी पूर्ति होगी। इसलिए इस संसार की बालक्रीड़ा से जितनी जल्दी हो सके, निपट लो। तभी तुम्हें इस संसार के उस पार की वस्तु की आवश्यकता प्रतीत होगी और धर्म के प्रथम सोपान (या पहली सीढ़ी) में तुम कदम रखोगे।

धर्म का एक वह रूप भी है, जो केवल फैशन (शौकीनी प्रथा) हो गया है। मेरे मित्र की बैठक में सजावट की सामग्रियों में जापानी गमले हैं—संभवत: यही फैशन है, अत: मुझे भी जापानी गमला रखना ही चाहिए। चाहे मुझे उसके लिए हजार टके ही भले खर्च करने पड़ें। इसी तरह मैं फैशन के लिए धार्मिक बनता हूँ और किसी चर्च या धर्म-संप्रदाय में शामिल हो जाता हूँ। पर 'भक्ति' ऐसों के लिए नहीं है। भक्ति का उद्‌गम तो सच्ची "आतुरता" (व्याकुलता) से होता है। "आतुरता" तो तभी कहेंगे कि जब उसके बिना जीना असंभव हो। हमें श्वास लेने के लिए हवा की आवश्यकता है, हमें भोजन चाहिए, हमें कपड़े चाहिए; इनके बिना हम जी नहीं सकते। जब मनुष्य इस संसार में किसी स्त्री से प्रेम करता है, तब समय-समय पर उसे ऐसा प्रतीत होता है कि उस स्त्री के बिना मैं जी नहीं सकता, यद्यपि उसकी यह भावना मिथ्या है। जब पति मरता है, तब पत्नी समझती है कि मैं पति के बिना नहीं जी सकती, पर फिर भी वह जीती ही है। किसी वस्तु की आवश्यकता की जाँच वही है कि उस वस्तु के अभाव में जीना असंभव

हो। या तो उस वस्तु की प्राप्ति ही हमें हो जाये या उसके बिना हम मर ही जाएँ। जब समय आता है तब हमें ईश्वर के संबंध में ऐसा ही लगता है, अर्थात् संसार के उस पार की किसी वस्तु की जरूरत हमें मालूम पड़ती है–ऐसी वस्तु जो इन समस्त जड़ या भौतिक शक्तियों से परे है, उनसे ऊपर है; तभी हम भक्त बनते हैं। जिस समय, मानो जैसे क्षण भर के लिए बादल हट जाता है और हम उस पार से परम ज्योति की एक झलक (झांकी) पा जाते हैं, और तब उस एक क्षणभर के लिए हमारी ऐहिक नीच वासनाएँ समुद्र में एक बूँद के समान (विलीन) मालूम पड़ती हैं, उस समय हमारी ये छोटी-छोटी जिन्दगियाँ किस गिनती में हैं। ऐसे ही समय पर आत्मा की उन्नति होती है, और आत्मा को ईश्वर का अभाव खटकता है, और आत्मा को ईश्वर-प्राप्ति के लिए तीव्र उत्कंठा होती है याने भगवान् को पाने के लिए जीव छटपटाता है।

अतः पहली सीढ़ी तो यह है–हमें कौन-सी वस्तु चाहिए? क्या हमें ईश्वर चाहिए? हम यह प्रश्न अपने आप से प्रतिदिन किया करें। तुम संसार की सारी पुस्तकें पढ़ जाओ; पर यह प्रेम तो वाक्शक्ति द्वारा प्राप्य वस्तु नहीं है; तीव्र बुद्धि या अनेक शास्त्रों के अभ्यास द्वारा भी पाने की वस्तु वह नहीं है। जिसे ईश्वर की चाह है, उसे ही प्रेम की प्राप्ति होगी। उसी के पास भगवान् अपने आपको प्रकट करेंगे। प्रेम सर्वदा पारस्परिक होता है और अपना प्रभाव प्रेमपात्र पर डालता है। तुम चाहे मुझसे घृणा करो, और यदि मैं तुमसे प्रेम करना आरंभ कर दूँ, तो तुम मुझे दूर भगाओगे।, पर यदि मैं तुम पर सतत प्रेम करता ही रहूँ, तो महीने या वर्ष भर में तुम मुझसे अवश्य ही प्रेम करने लगोगे। यह एक सर्व प्रसिद्ध मनोवैज्ञानिक घटना है। जिस प्रकार की व्याकुलता से प्रेमिका स्त्री अपने मृत पति का चिंतन करती है, उसी प्रकार के प्रेम से यदि हम ईश्वर-प्राप्ति के लिए व्याकुल हों, तो हमें ईश्वर की प्राप्ति अवश्य होगी और विविध ग्रंथों से और शास्त्रों से हमें कोई शिक्षा नहीं मिल सकती। पुस्तकों को रटकर हम तोते बन जाते हैं। पुस्तकों को पढ़कर कोई यथार्थ विद्वान् नहीं हो सकता। जो मनुष्य 'प्रेम' का सिर्फ एक ही शब्द

पढ़ लेता है, वही यथार्थ में विद्वान् बन जाता है। अतः हममें सर्वप्रथम उस लालसा (आकांक्षा या व्याकुलता) के आने की जरूरत है। प्रतिदिन हम अपने आपसे यही प्रश्न करें–क्या हमें ईश्वर को पाने की लालसा है? क्या हम ईश्वर को पाने के लिए व्याकुल हैं? जब हम धर्म की बातें करते हैं और खासकर जब हम ऊँचा आसन ग्रहण करके दूसरों को उपदेश देने लगते हैं, तब हमें अपने आप से यही प्रश्न पूछना चाहिए। मैं कई बार देखता हूँ कि मुझे ईश्वर की चाह नहीं है, मुझे रोटी की (भोजन की) चाह उससे अधिक है। यदि मुझे एक टुकड़ा रोटी न मिले, तो मैं पागल हो जाऊँगा। यदि हीरे की आलपीन न मिले तो बहुतेरी सभ्य महिलाएँ पागल हो जाएँगी। पर उन्हें ईश्वर-प्राप्ति के लिए इसी प्रकार की लालसा नहीं है। विश्व की "उस एकमात्र यथार्थ वस्तु" का उन्हें ज्ञान नहीं है। हमारी भाषा में एक कहावत प्रचलित है–"मारै तो हाथी और लूटै तो भांडार"। भिखारियों को लूटकर या चींटियों का शिकार करके क्या लाभ हो सकता है? अतः यदि प्रेम करना है, तो ईश्वर से प्रेम करो; इन सांसारिक वस्तुओं की क्या परवाह है? मैं स्पष्ट वक्ता हूँ, पर बातें तुम्हारी भलाई की ही कहूँगा। मैं आपसे सच्ची बातें ही कहना चाहता हूँ। मैं तुम्हारी चापलूसी नहीं करना चाहता, चापलूसी करना मेरा काम नहीं। तुम मेरे बच्चों के मानिन्द हो। मैं तुमसे सच्ची बात कहना चाहता हूँ। यह संसार बिलकुल मिथ्या है। संसार के सभी आचार्य इसी नतीजे पर पहुँचे हैं। इस संसार से निकलने का ईश्वर के अतिरिक्त और दूसरा मार्ग नहीं है। वही (ईश्वर) हमारे जीवन का ध्येय है। संसार को जीवन का ध्येय बताने वाले मत अनर्थकारी हैं। इस संसार और इस शरीर का मूल्य भी है, पर उनका मूल्य गौण है। संसार और शरीर हमारे साध्य (ईश्वर) की प्राप्ति के केवल साधन मात्र हैं। संसार ही हमारा साध्य नहीं बन जाना चाहिए। दुर्भाग्यवश अत्यधिक बार हम संसार को साध्य वस्तु और ईश्वर को उसकी साधन सामग्री बना डालते हैं। हम देखते हैं कि लोग गिर्जाघर में जाकर कहा करते हैं, "हे ईश्वर! मुझे यह वस्तु दे, वह वस्तु दे। हे ईश्वर! मेरी बीमारी को आराम कर"।

उनको तो चाहिए सुंदर निरोगी शरीर और उन्होंने सुन रखा है कि ऐसा कोई व्यक्ति एक जगह बैठा है, जो उनके इस काम को कर देगा; इसलिए वे जाते हैं और उससे प्रार्थना करते हैं। धर्म के ऐसे विचार रखने की अपेक्षा नास्तिक होना बेहतर है। जैसा मैं बता चुका हूँ, यह 'भक्ति' सर्वोच्च आदर्श है। मैं यह नहीं जानता कि भविष्य में करोड़ों वर्षों में हमें उस आदर्श (या भक्ति) की प्राप्ति होगी या नहीं। पर हमें तो उस (भक्ति) को अपना सर्वोच्च आदर्श बनाना ही चाहिए और अपनी समस्त इंद्रियों को उस सर्वोच्च आदर्श की ओर ही लक्ष्य करने में लगा देना चाहिए। इससे यदि हमें अपने साध्य की प्राप्ति न भी होगी, तो कम-से-कम हम उसके अधिक निकट तो अवश्य पहुँच ही जाएँगे। संसार और इंद्रियों के जरिये ही धीरे-धीरे अपना काम करके ईश्वर तक पहुँचना है।

3. भक्ति के आचार्य

प्रत्येक आत्मा को पूर्णता की प्राप्ति होगी और अंत में सभी प्राणी उस पूर्णावस्था का लाभ प्राप्त करेंगे। यह बात निश्चित है। हमारी वर्तमान अवस्था हमारे पिछले कार्यों और विचारों का परिणाम है और हमारी भविष्य की अवस्था हमारे वर्तमान कार्यों और विचारों पर अवलंबित रहेगी। ऐसा होते हुए भी हमारे लिए दूसरों से सहायता प्राप्त करने का मार्ग बंद नहीं है। दूसरों की सहायता पाने से आत्मशक्तियों का विकास सदा अधिक तेजी से हुआ करता है। यहाँ तक कि संसार में अधिकांश मनुष्यों को दूसरों की सहायता की प्राय: अनिवार्य रूप से आवश्यकता हुआ करती है अर्थात् दूसरों की सहायता के बिना उनकी उन्नति हो ही नहीं सकती। जागृत् करने वाला प्रभाव बाहर से आता है और वह हमारी अंत:स्थित गूढ़ शक्तियों को जागृत करता है। तभी से हमारी उन्नति का श्रीगणेश होता है, आध्यात्मिक जीवन का आरंभ होता है और अंत में हम पवित्र और पूर्ण बन जाते हैं। यह जगाने वाली शक्ति, जो बाहर से आती है, हमें पुस्तकों से प्राप्त नहीं हो सकती, एक आत्मा दूसरी आत्मा से ही जागृति लाभ कर सकती है, किसी अन्य वस्तु से नहीं। हम जन्म भर पुस्तकों का अध्ययन करें और बहुत बड़े बुद्धिशाली भले ही हो जाएँ, पर अंत में हम देखेंगे कि हमारी आत्मा की कुछ भी उन्नति नहीं हुई है। यदि किसी मनुष्य का बौद्धिक विकास उच्च श्रेणी का है, तो उसकी आत्मिक उन्नति भी उसी श्रेणी की हो। यह कोई नियम नहीं है। बल्कि प्राय: प्रति दिन हम यही देखते हैं कि आत्मा की शक्ति का व्यय करके ही बुद्धि की इतनी अधिक उन्नति हुई है।

बुद्धि की उन्नति करने में तो हमें पुस्तकों से बहुत सहायता प्राप्त होती है, पर आत्मा की उन्नति करने में पुस्तकों की सहायता प्रायः नहीं के बराबर ही रहती है। ग्रंथों का अध्ययन करते-करते कभी-कभी हम भ्रमवश ऐसा सोचने लगते हैं कि हमारी आध्यात्मिक उन्नति में इस अध्ययन से सहायता मिल रही है। पर जब हम अपना आत्म-निरीक्षण करते हैं, तब पता लगता है कि ग्रंथों से सहायता केवल हमारी बुद्धि को मिल रही है, हमारी आत्मा को नहीं। यही कारण है कि हम लोग आध्यात्मिक विषयों पर आश्चर्यपूर्ण व्याख्यान तो दे सकते हैं, पर जब तदनुसार कार्य करने का अवसर आता है, तो हम बिलकुल निकम्मे पाये जाते हैं। जो बाह्य शक्ति हमें आत्मोन्नति के पथ पर आगे बढ़ा सकती है, वह हमें पुस्तकों द्वारा नहीं मिल सकती। इसी कारण ऐसा होता है। आत्मा को जागृत् करने के लिए ऐसी शक्ति किसी दूसरी आत्मा से ही प्राप्त होनी चाहिए। जिस आत्मा से यह शक्ति मिलती है, उसे 'गुरु' या 'आचार्य' कहते हैं और जिस आत्मा को यह शक्ति प्रदान की जाती है, वह 'शिष्य' या 'चेला' कहाता है। पहले तो इस शक्ति को प्रदान करने के लिए आवश्यक है कि जिस आत्मा से यह शक्ति उत्पन्न होती है, उस आत्मा में उस शक्ति को अपने पास से दूसरे में मानो डाल देने या पहुँचा देने की योग्यता हो, और दूसरी आवश्यकता यह है कि जिसको वह शक्ति दी जानी है अर्थात् जिस आत्मा में वह शक्ति रखनी है, वह आत्मा उस शक्ति को लेने के (योग्य) पात्र हो। अर्थात् योग्य सद्‌गुरु और सत्पात्र शिष्य हो। बीज सजीव हो और खेत अच्छी तरह से जोता हुआ हो। और जब ये दोनों शर्तें पूरी हो जाती हैं, तब धर्म की आश्चर्यकारक उन्नति होती है। "धर्म का वक्ता अलौकिक हो और तदनुसार श्रोता भी हो।" और जब दोनों ही अलौकिक या असाधारण हों, तभी अत्युत्तम आत्मिक उन्नति संभव है, अन्यथा नहीं। ऐसे ही लोग यथार्थ गुरु हैं और ऐसे ही लोग यथार्थ शिष्य हैं। इनकी तुलना में अन्य लोग तो केवल धर्म का खिलवाड़ करते हैं। वे लोग तो केवल थोड़ा-सा बौद्धिक प्रयास करते हुए और कुछ कुतूहलपूर्ण शंकाओं का समाधान

करते हुए धर्म के क्षेत्र की बाहरी सीमा पर ही खड़े रहने वाले हुआ करते हैं। उस में कुछ लाभ तो है। समय पाकर सब कुछ आप पहुँचता है। प्रकृति का यह रहस्यपूर्ण नियम है कि खेत तैयार होते ही बीज मिलना ही चाहिए। ज्योंही आत्मा को धर्म की आकांक्षा होती है, त्योंही धार्मिक शक्ति का देने वाला आना ही चाहिए। "खोज करनेवाले पतित की खोज करनेवाले उद्धारक से भेंट हो ही जाती है।" जब ग्रहण करने वाली आत्मा की आकर्षक शक्ति पूर्ण और परिपक्व हो जाती है, उस समय उस आकर्षण को उपयोग में लानेवाली शक्ति आनी ही चाहिए।

पर मार्ग में बड़ी बाधाएँ भी हैं। इस बात की आशंका रहती है कि ग्रहीता आत्मा (शिष्य) अपने क्षणिक आवेश को यथार्थ धार्मिक पिपासा समझने लगता है। कई बार हमारे जीवन में ऐसी घटनाएँ पाई जाती हैं कि जिस व्यक्ति पर हमारा बहुत प्रेम है, वह मनुष्य मर जाता है। उसकी मृत्यु से हमें क्षण भर के लिए धक्का पहुँचता है। हम सोचने लगते हैं कि यह संसार हमारी उँगलियों में से खिसका जा रहा है, क्षणभंगुर है और उस समय हम संसार से किसी उच्चतर वस्तु की इच्छा करने लग जाते हैं। उस समय हमें धार्मिक होने की जरूरत मालूम पढ़ने लगती है। पर कुछ दिनों के बाद वह तरंग (या उमंग) निकल जाती है और हम जहाँ के तहाँ पड़े रह जाते हैं। हमें अनेकों बार इन आवेशों में धर्म की सच्ची पिपासा का भ्रम हो जाता है। पर जब तक इन क्षणिक आवेशों में हमें इस प्रकार का भ्रम होता रहेगा, तब तक हमारी आत्मा की वह सतत यथार्थ पिपासा जागृत् नहीं होगी और हमें 'शक्तिदाता' (गुरु) प्राप्त नहीं हो सकता।

अतः हम जब यह शिकायत करें कि हमें सत्य की प्राप्ति नहीं हुई है, यद्यपि हम उसकी प्राप्ति के लिए इतने व्याकुल हैं, उस समय हमारा प्रथम कर्तव्य यह होना चाहिए कि हम आत्मनिरीक्षण करें और बारीकी से पता लगाएँ कि यथार्थ में हमें उस (सत्य या धर्म) की पिपासा है क्या? अनेकों बार तो यही दिखेगा कि हम ही उसके योग्य नहीं हैं, हमें अभी धर्म की आवश्यकता ही नहीं है, हममें अभी यथार्थ

आध्यात्मिक पिपासा का अभाव है।

'शक्तिदाता' (गुरु) के लिए तो और भी अधिक कठिनाइयाँ होती हैं। ऐसे अनेकों होते हैं, जो स्वयं तो अज्ञान में डूबे हुए रहते हैं, पर अपने अंत:करण में अहंकार भरे रहने के कारण अपने को सर्वज्ञ समझते हैं। इतना ही नहीं, वे दूसरों का भार अपने कंधे पर उठाना चाहते हैं और जैसे अंधे को अंधा राह दिखावे उस तरह दोनों ही गड्ढे में जा गिरते हैं। संसार में ऐसों की ही भरमार है। हर कोई गुरु बनना चाहता है। प्रत्येक भिखारी लक्ष मुद्रा का दान करना चाहता है! ऐसे भिखारी जैसे हँसी के योग्य होते हैं, उसी प्रकार ये गुरु भी उपहास के पात्र हैं। तब गुरु की पहचान हमें कैसे हो? प्रथम तो सूर्य को दिखाने के लिए मशाल या दीपक की आवश्यकता नहीं होती। सूरज को देखने के लिए हम मोमबत्ती नहीं जलाते। सूर्य का उदय होते ही उसके उदय होने का ज्ञान हमें स्वभावत: ही हो जाता है। उसी प्रकार जब हमें सहायता देने के लिए किसी जगद्‌गुरु का आगमन होता है, तब आत्मा को अपने स्वभाव से ही ऐसा ज्ञान होने लगता है कि उसे सत्य का पता लग गया।

सत्य स्वयं-सिद्ध होता है। उसे सिद्ध करने के लिए किसी अन्य प्रमाण की आवश्यकता नहीं होती। सत्य तो स्वयं-प्रकाशवान् होता है। वह हमारी प्रकृति के अन्तरतम गुहाओं तक को भेद देता है और सारी सृष्टि चिल्ला उठती है, कि "यह सत्य है।" अति महान् आचार्य ऐसे होते हैं। पर हम तो इनकी अपेक्षा छोटे आचार्यों से भी सहायता पा सकते हैं। और जिनके पास से हम दीक्षा लेना चाहते हैं या जिन्हें हम गुरु बनाना चाहते हैं, उनके विषय में ठीक या उचित राय कायम कर सकने के लिए पर्याप्त अंत:शक्ति हम में सदा नहीं होती, इस कारण कुछ कसौटी की जरूरत है। शिष्य में कुछ लक्षणों का रहना आवश्यक है, उसी तरह गुरु में भी कुछ लक्षण होने चाहिए। पवित्रता, यथार्थ ज्ञान-पिपासा और उद्योगशीलता-ये लक्षण शिष्य में अवश्य हों। अपवित्र आत्मा कभी धार्मिक नहीं हो सकती। सबसे बड़ी आवश्यकता इसी

पवित्रता की है। सब प्रकार की पवित्रता नितान्त आवश्यक है। दूसरी जरूरत इस बात की है कि शिष्य को ज्ञान-प्राप्ति की यथार्थ पिपासा हो। प्रश्न यही है कि चाहता कौन है? हमें जो चाहिए सो मिलता है, यही पुराना नियम है। जो खोजे सो पावे। धर्म की आकांक्षा होना बड़ी कठिन बात है। इसे हम साधारणतः जितना सरल समझते हैं, उतना सरल नहीं है। तिस पर हम यह तो भूल ही जाया करते हैं कि कथाएँ सुनना या पुस्तकें पढ़ना धर्म नहीं है। धर्म तो एक सतत युद्ध है। स्वयं अपनी प्रकृति का दमन करते रहना, जब तक उस पर विजय प्राप्त न हो जाए, तब तक निरंतर लड़ते रहने का नाम धर्म है। यह एक या दो दिन, कुछ वर्षों या जन्मों का प्रश्न नहीं है। इसमें तो सैकड़ों जन्म बीत जाएँ, तो भी हमें इसके लिए तैयार रहना चाहिए। संभव है, हमें अपनी प्रकृति पर तुरंत विजय मिल जाए; या संभव है, सैकड़ों जन्म तक हमें यह विजय प्राप्त न हो; पर हमें इसके लिए तैयार रहना आवश्यक है। जो शिष्य इस दृढ़ धारणा के साथ अग्रसर होता है, उसकी सफलता अवश्यंभावी है।

गुरु में पहले तो यह देखना चाहिए कि वे शास्त्रों के मर्म को जानते हों। सारा संसार बाइबिल, वेद, कुरान और इन सब धर्म शास्त्रों को पढ़ा करता है, पर ये सब तो केवल शब्दसमूह, व्याकरण के नियम सूत्रों द्वारा संगठित वाक्यरचना, शब्दरचना और शब्दशास्त्र ही हैं। ये तो धर्म की सूखी, नीरस अस्थियाँ मात्र हैं। गुरु चाहे किसी ग्रंथ का काल-निर्णय कर लें, पर शब्द तो वस्तुओं की बाहरी आकृति मात्र हैं। जो शब्द की ही उलझन में अधिक पड़े रहते हैं और अपने मन को शब्दों की शक्ति में ही दौड़ाया करते हैं, वे भाव को खो बैठते हैं। इसीलिए गुरु को धर्मशास्त्रों के मर्म को जानना आवश्यक है। शब्दों का जाल बड़े जंगल के समान है, जहाँ मनुष्य का मन रास्ता भूल जाता है और बाहर निकलने का मार्ग नहीं पाता। "शब्दयोजना की विभिन्न रीतियाँ, सुंदर भाषा बोलने की विभिन्न शैलियाँ, शास्त्रों के अर्थ समझाने के अनेकों प्रकार-ये सब विद्वानों के आनंदभोग की वस्तुएँ हैं। इनसे किसी को मुक्ति नहीं मिल सकती।" जो लोग इन सबका प्रयोग करते

हैं, वे तो अपने पांडित्य का प्रदर्शन करने के लिए ही ऐसा करते हैं, जिससे संसार उनकी स्तुति करे और यह जाने कि ये विद्वान् हैं। तुम देखोगे कि संसार के किसी भी महान् आचार्य ने शास्त्र के वाक्यों के अनेक अर्थ नहीं किए। उन लोगों ने शब्दों की खींचातानी का कोई प्रयत्न नहीं किया। उन्होंने यह नहीं कहा कि इस शब्द का अर्थ ऐसा है और इस शब्द और इस शब्द के बीच इस प्रकार का संबंध है। संसार में जितने महान् आचार्य हुए हैं, उनका चरित्र अध्ययन करो। किसी भी आचार्य ने इस मार्ग का अवलंबन नहीं किया। तिस पर भी इन्हीं आचार्यों ने यथार्थ शिक्षा दी। और दूसरे लोगों ने, जिनके पास सिखाने को कुछ नहीं था, उन्होंने–एक ही शब्द को ले लिया और उस शब्द की व्युत्पत्ति, उस शब्द का प्रथम उपयोग किन मनुष्यों ने किया, वे लोग क्या खाते थे और कैसे सोते थे, इसी विषयों पर तीन-तीन जिल्दों की पोथी रच डाली! मेरे गुरुदेव मुझसे एक कथा कहा करते थे। एक बार कुछ मनुष्य एक आम के बाग में गए। उनमें से बहुतेरे तो आम के झाड़ों की पत्तियाँ गिनने, पत्तों के रंग जाँचने, शाखाओं की मोटाई नापने तथा उनकी संख्या गिनने इत्यादि में लगे रहे। उन लोगों ने सब बातों की टिप्पणी भी तैयार कर ली और वहाँ इन भिन्न-भिन्न विषयों पर एक अद्‌भुत बहस भी छिड़ गई! पर उनमें से एक मनुष्य, जो इन सबसे अधिक बुद्धिमान था, वह इन सभी से अलग ही रहा और उसने अपना सब समय आम खाने में लगाया। अब बताओ, इन सब में ज्यादा होशियार कौन था? अतः पत्ते और शाखाओं की गिनती करना और टिप्पणी तैयार करना दूसरों के लिए छोड़ दो। इन सब कार्यों का महत्त्व अपने उपयुक्त स्थान में है, पर इस धार्मिक क्षेत्र में तो इसकी कोई कीमत नहीं है। ऐसे कामों से मनुष्य धार्मिक नहीं बन सकते। इन "पत्ते गिनने वालों" में तुम्हें अच्छा धार्मिक शक्तिसंपन्न मनुष्य कदापि नहीं मिल सकता। मनुष्य का सर्वोपरि उद्देश्य, सर्वश्रेष्ठ पराक्रम धर्म ही है और यह सबसे आसान है। उसमें "पत्ते गिनने" की कोई आवश्यकता नहीं है। यदि तुम ईसाई होना चाहते हो, तो यह जानना आवश्यक नहीं

है कि ईसा मसीह कहाँ पैदा हुए थे-जेरूसेलम में या बेथलेहम में; उन्होंने 'पर्वत पर का उपदेश' ठीक किस तारीख को सुनाया था। तुम्हें तो केवल उस 'पर्वत पर के उपदेश' के अनुभव करने की जरूरत है। यह उपदेश किस समय दिया गया, इस विषय में दो हजार शब्द पढ़ने की जरूरत नहीं। वह सब तो विद्वानों के आनंद के लिए है। उन्हें उसे भोगने दो। 'तथास्तु' कह दो और आओ, 'आम खाने' में हम लगे रहें।

दूसरी आवश्यकता है कि गुरु निष्पाप हों। इंग्लिस्तान में मुझसे एक मित्र पूछने लगे– "गुरु के चरित्र की ओर हमें देखना चाहिए या कि उनके उपदेशों का ही विचार करके उन्हें ग्रहण कर लेना चाहिए?" नहीं, ऐसा ठीक नहीं। यदि कोई मनुष्य मुझे गतिशास्त्र, रसायन शास्त्र या कोई अन्य भौतिक विज्ञान सिखाना चाहता है, तब तो उस शिक्षक का आचरण चाहे कैसा भी हो, वह मुझे इन विषयों की शिक्षा दे सकता है, क्योंकि इन विषयों को सिखाने के लिए केवल बौद्धिक ज्ञान की आवश्यकता है। केवल बुद्धि-वैभव द्वारा ही इन विषयों की शिक्षा दी जा सकती है, क्योंकि इन विषयों में आत्मा की किंचित-सी भी उन्नति हुए बिना भी मनुष्य में बुद्धि की महान् शक्ति का उत्पन्न होना संभव है। पर आध्यात्मिक विज्ञान के संबंध में तो आदि से अंत तक यह कभी भी संभव नहीं कि अपवित्र आत्मा में धर्म की ज्योति का प्रकाश रहे। ऐसी अवस्था में वह सिखलाएगा ही क्या? वह तो कुछ जानता ही नहीं। पवित्रता ही आध्यात्मिक सत्य है। 'पवित्र हृदय वाले ही धन्य हैं, क्योंकि वे ही ईश्वर का दर्शन करेंगे'। इस एक वाक्य में सब धर्मों का निचोड़ है। यदि तुम इतना ही सीख लो, तो भूतकाल में जो कुछ इस विषय में कहा गया है और भविष्यकाल में जो कुछ कहा जा सकता है, उस सबका ज्ञान तुम प्राप्त कर लोगे। तुम्हें अब किसी ओर दृष्टिपात करने की जरूरत नहीं, क्योंकि तुम्हें उस एक वाक्य से ही सभी आवश्यक वस्तु की प्राप्ति हो चुकी। यदि संसार के सभी धर्म-शास्त्र नष्ट हो जाएँ, तो अकेले इस वाक्य से ही संसार का उद्धार हो सकता है। आत्मा के पवित्र हुए बिना, ईश्वर का दर्शन, उस परे तत्त्व की झाँकी-कभी नहीं

मिल सकती। इसीलिए धर्म की शिक्षा देने वाले गुरु में पवित्रता का होना परम आवश्यक है। प्रथम हमें यह देखना चाहिए कि वे (गुरु) क्या करते हैं, उनका चरित्र कैसा है, और तदुपरान्त वे क्या कहते हैं, उनका उपदेश क्या है, सो सुनना चाहिए। बौद्धिक विषयों के आचार्य के पक्ष में यह बात आवश्यक नहीं है। वहाँ तो उनके चरित्र की अपेक्षा उनके उपदेश से ही अधिक मतलब रहता है। पर धार्मिक गुरु के विषय में हमें पहले देख लेना चाहिए कि वे कैसे हैं? वे पवित्र हैं क्या? और यदि वे पवित्र हैं, तभी उनके उपदेश का मूल्य है, तभी उनके उपदेश का असर होगा; क्योंकि गुरू तो शिष्य में 'अपनी शक्ति का संचार करने वाला' होता है यदि स्वयं गुरु में ही वह आध्यात्मिक शक्ति नहीं है, तो वह शिष्य में किस चीज का संचार करेगा? गुरु के मन का एक प्रकार का स्फुरण शिष्य के मन में प्रविष्ट किया जाता है। उपमा द्वारा देखिए। यदि गर्मी पहुँचाने वाला पदार्थ स्वयं गरम हो, तब तो वह गर्मी की शक्ति दूसरे पदार्थ में पहुँचा सकेगा, अन्यथा नहीं। यहाँ तो एक के पास से निकालकर दूसरे में शक्ति डाल देने का प्रश्न है। केवल हमारी बुद्धि की वृत्तियों को उत्तेजित करने की तो बात ही नहीं है। कोई यथार्थ और प्रत्यक्ष वस्तु गुरु के पास से निकलकर शिष्य के पास जाती है। इसी कारण सर्वप्रथम यह आवश्यक है कि गुरु सच्चा हो।

तीसरी बात है उद्देश्य– देखना चाहिए कि गुरु अपना नाम कमाने, कीर्ति पाने या ऐसे ही किसी अन्य उद्देश्य से तो उपदेश नहीं देते हैं। क्या वे केवल तुम्हारे प्रति शुद्ध प्रेम से परिचालित होकर उपदेश देते हैं? केवल प्रेम के ही माध्यम द्वारा गुरु से शिष्य में आध्यात्मिक शक्तियों का संचार किया जा सकता है। अन्य किसी माध्यम द्वारा इन शक्तियों का संचार नहीं हो सकता। अर्थ-प्राप्ति या कीर्ति-लाभ आदि किसी अन्य उद्देश्य से उपदेश देने पर संचारक माध्यम का नाश हो जाता है। अतः यह सब प्रेम द्वारा ही होना चाहिए। जिसने ईश्वर को जान लिया है, वही गुरु हो सकता है। जब तुमने यह देख लिया कि गुरु में ये आवश्यक बातें वर्तमान हैं, तो फिर तुम्हें कोई डर नहीं। और यदि ये

बातें गुरु में नहीं हैं, तो उनसे उपदेश लेने में कोई भलाई नहीं, यदि वे सद्भाव का संचार नहीं कर सकते, तो कभी उनके दुर्भाव के ही संचार होने का डर है। इसकी सावधानी रखनी चाहिए। अतः यह स्वाभाविक निष्कर्ष है कि हम किसी भी जिससे तिससे से उपदेश नहीं ले सकते। 'नदी-नाले उपदेश करते हैं, पत्थर उपदेश करते हैं' यह काव्यालंकार की दृष्टि से ठीक हो सकता है, पर जिसके भीतर सत्य नहीं है, वह सत्य का अणुमात्र भी उपदेश नहीं दे सकता।

नदी-नालों से उपदेश किसको मिलता है? उसी मानव-आत्मा को, जिसका जीवन-कमल सच्चे गुरु के पास से आने वाले प्रकाश द्वारा पहले ही विकसित हो चुका है। जब अंतःकरण खुल चुका होता है, तब उसे नालों, पत्थरों या अन्य वस्तुओं से भी उपदेश प्राप्त हो सकता है, तभी उसे इन सब चीजों से धार्मिक शिक्षा मिल सकती है। पर जो हृदय खुला नहीं है, बंद है, उसे तो नाले और लुढ़कने वाले पत्थर जैसे होते हैं वैसे ही दिखेंगे और कुछ नहीं। अंधा आदमी चाहे अजायब घर को चला जाए, पर उसे वहाँ जाने से कोई लाभ नहीं। पहले तो उसकी आँखें खुलनी चाहिए, तब उसके पश्चात् ही वह कुछ सीख सकेगा। गुरु ही धर्म की आँखों का खोलने वाला-दिव्य दृष्टि देने वाला है। अतः गुरु के साथ हमारा संबंध पूर्वज और वंशज का, पिता और पुत्र का होता है। गुरु धार्मिक पूर्वज (धर्म पिता) है और चेला उसका धार्मिक वंशज [धर्म पुत्र] है। स्वाधीनता और स्वतंत्रता की बातें चाहे जितनी अच्छी लगें, पर विनय, नम्रता, भक्ति, श्रद्धा और विश्वास के बिना कोई धर्म नहीं रह सकता। यह उल्लेखनीय बात है कि जहाँ गुरु और शिष्य में ऐसा संबंध हो, वहीं आध्यात्मिक महान् आत्माओं की वृद्धि होती है, पर जिन लोगों ने ऐसे संबंध को तोड़ दिया है, उनके लिए धर्म तो केवल एक दिल-बहलाव की वस्तु है। उन सब राष्ट्रों और धर्मावलंबियों में, जहाँ गुरु और शिष्य में यह संबंध विद्यमान नहीं है, वहाँ आध्यात्मिकता प्रायः अज्ञात वस्तु कही जा सकती है। गुरु शिष्य के बीच उक्त भाव के बिना आध्यात्मिकता कदापि नहीं आ सकती। वहाँ प्रथम तो कोई देने

वाला, संचार करने वाला ही न रहा और दूसरे, कोई ग्रहण करने वाला या जिसके भीतर संचार किया जाए, ऐसा भी कोई न रहा क्योंकि वे तो सब प्रकार एक-दूसरे से स्वतंत्र हैं। वे सीखेंगे किससे? यदि वे सीखने आते हैं तो विद्या खरीदने आते हैं। हमें एक रुपए का धर्म दो। हम क्या उसके लिए एक रुपया खर्च नहीं कर सकते? इस प्रकार धर्म की प्राप्ति नहीं हो सकती।

आध्यात्मिक गुरु के देने से जो ज्ञान आत्मा को प्राप्त होता है, उससे उच्चतर पवित्र वस्तु और कुछ नहीं हुआ करती। यदि मनुष्य पूर्ण योगी हो चुका है, तो वह अवस्था उसे अपने आप ही प्राप्त हुई होती है। यह ज्ञान पुस्तकों द्वारा प्राप्त नहीं हो सकता। तुम अपना सिर दुनिया के चारों कोनों में हिमालय, आल्प्स, काकेशस पर्वत अथवा गोबी या सहारा की मरुभूमि या समुद्र की तली में जाकर पटको पर बिना गुरु मिले तुम्हें वह ज्ञान प्राप्त नहीं हो सकता। गुरु की खोज करो, बालकवत् उनकी सेवा करो, उनका प्रसाद (प्रभाव) ग्रहण करने को अपना हृदय खोलकर रखो, उनमें परमात्मा के स्वरूप का दर्शन करो। हमारा ध्यान गुरु की ओर उन्हें ईश्वर का सर्वश्रेष्ठ स्वरूप समझकर बना रहे और जैसे ही उनमें हमारी यह ध्यान-शक्ति एकाग्र होगी, त्योंही गुरु के मानव-रूप का चित्र विलीन हो जाएगा, मानव-शरीर का लोप हो जाएगा और यथार्थ ईश्वर ही वहाँ शेष रह जाएगा। सत्य की ओर जो इस भक्तिभाव से और प्रेम से अग्रसर होते हैं, उनके प्रति सत्य के भगवान् ये परम अद्भुत शब्द बोलते हैं– 'अपने पैरों से जूते अलग कर दो, क्योंकि जिस जगह तुम खड़े हो, वह स्थान पवित्र है।' जिस स्थान में उस (भगवान्) का नाम लिया जाता है, वह स्थान पवित्र है, तब जो मनुष्य उनका नाम लेता है, वह कितना अधिक पवित्र होगा! और जिस मनुष्य के पास से आध्यात्मिक सत्यताओं की प्राप्ति होती है, उसके निकट हमें कितनी श्रद्धा और भक्ति के साथ पहुँचना उचित है। इसी भाव से हमें शिक्षा ग्रहण करनी है। इसमें कोई संदेह नहीं कि ऐसे गुरु इस संसार में कम मिलते हैं, पर सृष्टि कभी भी उनसे एक-दम

(बिलकुल) शून्य भी नहीं रहती जिस क्षण यह संसार ऐसे गुरुओं से रहित हो जाएगा, उसी क्षण इस संसार का अंत हो जाएगा। यह संसार घोर नरक बन जाएगा और झड़ जाएगा। ये गुरु ही मानव-जीवन के सुंदर पुष्प हैं, और संसार को चला रहे हैं। उन्हीं की शक्ति ने समाज के बंधनों को सुरक्षित रखा है।

इनसे परे और भी एक श्रेणी के आचार्य हैं, जो संसार के ईसा मसीह (या पैगम्बर) के समान हैं। वे सब 'गुरुओं के गुरु' होते हैं– 'स्वयं भगवान्' मनुष्य के रूप में आते हैं। वे बहुत श्रेष्ठ होते हैं और अपने स्पर्श या इच्छा मात्र से दूसरों के भीतर धार्मिकता एवं पवित्रता का संचार कर देते हैं। अत्यधम और अति हीन चरित्र वाले मनुष्य को भी क्षण भर में सच्चरित्र साधु बना देते हैं। वे किस तरह ऐसे काम किया करते हैं इस विषय में क्या पढ़ा नहीं करते? मैं इन गुरुओं के संबंध में नहीं कह रहा था। ये तो सब गुरुओं के भी गुरु हैं। ये भगवान् के अवतार हैं। इन्हीं रूपों में भगवान् ने स्वयं अपने को मनुष्यों के लिए प्रकट किया है। हम भगवान् का दर्शन इनके सिवाय अन्यथा नहीं कर सकते। हम इनकी पूजा किए बिना नहीं रह सकते और ये ही ऐसी विभूतियाँ हैं, जिनकी पूजा हमें अवश्य करनी चाहिए।

भगवान् के इन अवतारों के सिवाय भगवान् का 'दर्शन' किसी मनुष्य ने नहीं किया हैं। हम ईश्वर को देख नहीं सकते। यदि हम ईश्वर को देखने का प्रयत्न करते हैं, तो हम ईश्वर की एक विकृत और भयानक आकृति बना डालते हैं। एक हिंदुस्तानी किस्सा है कि एक अज्ञानी मनुष्य से भगवान् शिव की धातु की मूर्ति बनाने के लिए कहा गया। तब उसने कई दिनों तक प्रयत्न करने के बाद एक वानर की प्रतिमा बना डाली! इसी प्रकार जब कभी हम भगवान् की मूर्ति बनाने का प्रयत्न करते हैं, तब हम उनका एक विकृत आकार ही बना पाते हैं; क्योंकि जब तक हम स्वयं मनुष्य हैं, तब तक हम भगवान् को मनुष्य से बढ़कर और कोई वस्तु समझते ही नहीं। एक समय ऐसा अवश्य आएगा, जब कि हम अपनी मानव प्रकृति को पार करके आगे बढ़

जाएँगे और उस समय हम ईश्वर को जैसा वह है, वैसा ही जान सकेंगे। पर जब तक हम मनुष्य हैं तब तक तो हमें मनुष्य-रूप में ही ईश्वर की आराधना, ईश्वर की पूजा करनी होगी। बातें चाहे जैसी बोलो, प्रयत्न चाहे जैसा करो, तुम परमात्मा को मनुष्य के सिवाय अन्य रूप में नहीं देख सकते। हम बुद्धिमत्ता के बड़े-बड़े व्याख्यान दे डालें, बड़े तर्कशास्त्री बन जाएँ, ईश्वर-संबंधी कथाओं को निरर्थक गल्प सिद्ध कर दें पर ज़रा थोड़ी साधारण बुद्धि से व्यवहारिक विचार तो कीजिए। इस असाधारण बुद्धि के पीछे 'क्या' है? वह केवल शून्य, कुछ नहीं, वह केवल नि:सार वस्तु है! इसके बाद जब कभी तुम किसी मनुष्य को ईश्वर-पूजा के विरुद्ध बड़े-बड़े बुद्धिमानी के व्याख्यान फटकारते सुनो तो उसे पकड़कर यह पूछो कि ईश्वर के संबंध में उसकी कल्पना क्या है; "सर्वशक्तिमत्ता", "सर्वव्यापता", "सर्वव्यापी प्रेम", इत्यादि शब्दोचार के अतिरिक्त और क्या अर्थ समझता है? वह कुछ नहीं जानता वह इन शब्दों के भावों की कोई कल्पना अपने सामने नहीं ला सकता। एक रास्ता चलने वाले अनपढ़ निरक्षर मनुष्य की अपेक्षा वह किसी प्रकार श्रेष्ठ नहीं है, वह राहगीर मनुष्य स्वयं शान्त है और दुनिया की शांति को भंग नहीं करता। उसे कोई प्रत्यक्ष अनुभव नहीं है, अत: वह (राहगीर मनुष्य और वह बुद्धिमान् व्याख्यान दाता) मनुष्य दोनों ही एक श्रेणी के हैं। प्रत्यक्ष अनुभव या साक्षात्कार ही धर्म है। मौखिक विवाद और प्रत्यक्ष अनुभव में महान् अंतर है, यह जानना चाहिए अपनी आत्मा में जो अनुभव हो, वही प्रत्यक्ष अनुभव है। अब सर्वव्यापी भगवान् का क्या अर्थ है? मनुष्य की आत्मा की कोई कल्पना नहीं है। अपने नेत्रों के सामने वह जो आकार देखता है, उन्हीं आकारों के साथ ही उसे आत्मा की कल्पना करनी पड़ती है। नीला आकाश, विस्तृत क्षेत्र-समूह, समुद्र या ऐसी ही किसी महान् वस्तु की भावना उसे करनी पड़ती है। नहीं तो वह और किस तरह ईश्वर का विचार करेगा? और तुम क्या कर रहे हो? 'सर्वव्यापिता' की बात कर रहे हो और समुद्र का चिंतन कर रहे हो! क्या समुद्र ईश्वर है? अत: संसार के इस व्यर्थ विवाद को दूर

करो। हमें साधारण बुद्धि की आवश्यकता है। साधारण बुद्धि बड़ी दुर्लभ वस्तु है। संसार में बातों की भरमार है। हम अपनी वर्तमान प्रकृति के अनुसार मर्यादित हैं और हम भगवान् को मनुष्य के ही रूप में देखने के लिए बाध्य हैं। यदि भैंसे ईश्वर की पूजा कर सकते, तो वे ईश्वर को एक बड़ा भैंसा ही समझते! यदि मछली ईश्वर की पूजा करना चाहती है, तो वह ईश्वर को एक बड़ी मछली के आकार का समझेगी। और यदि मनुष्य ईश्वर की पूजा करना चाहता है, तो उसे ईश्वर को मनुष्य ही मानना पड़ेगा। ये सब कल्पनाएँ नहीं हैं। आप और हम, भैंसा और मछली हर एक भिन्न-भिन्न पात्रों के स्वरूप हैं। ये सब पात्र अपने भीतरी आकार के अनुसार ही पानी भरने के लिए समुद्र में जाते हैं मनुष्य में जो कुछ है उसके अनुसार मनुष्य में, भैंसे के अनुसार भैंसे में, मछली के अनुसार मछली में पानी भर जाता है। इन पात्रों में पानी के सिवाय और कोई वस्तु नहीं है। उसी तरह उन सभी में जो ईश्वर है, उसके विषय में समझो। जब मनुष्य ईश्वर को देखता हैं, तो वे उसे मनुष्य रूप में देखता है। उसी प्रकार अपनी-अपनी कल्पना के अनुसार अन्य प्राणी भी ईश्वर को अपने-अपने रूप में देखते हैं। परमेश्वर को तुम केवल इसी तरह देख सकते हो। मनुष्य के ही रूप में तुम उसकी उपासना कर सकते हो, क्योंकि इसके सिवाय दूसरा कोई मार्ग नहीं है। दो वर्ग के मनुष्य ऐसे हैं, जो ईश्वर की उपासना मनुष्य के रूप में नहीं करते–एक तो मानवरूपधारी पशु, जिनका कोई धर्म ही नहीं होता, और दूसरे 'परमहंस', (पहुँचे हुए योगी) जो मनुष्यता के परे पहुँच गए हैं, जो मन और शरीर से अलग हो चुके हैं और प्रकृति की मर्यादा के उस पार चले गए हैं। समस्त प्रकृति उनकी आत्मा बन गई है। उनके न मन है, न शरीर। वे ईशू या बुद्ध के समान ईश्वर की उपासना ईश्वर के ही रूप में कर सकते हैं। वे ईश्वर की पूजा मनुष्य के रूप में नहीं करते थे। दूसरे छोर पर मानव-पशु हैं। ये दोनों छोर वाले कैसे एक समान दीखते हैं। वैसे ही अत्यंत अज्ञानी और अत्युच्च ज्ञानी में भी समानता हैं– ये दोनों ही किसी की उपासना नहीं करते। अत्यंत अज्ञानी मनुष्य

का पर्याप्त विकास न होने के कारण उसे ईश्वर की उपासना की जरूरत ही नहीं मालूम पड़ती, इसलिए वह ईश्वर की पूजा नहीं करता। और जो मनुष्य उच्चतम ज्ञान की प्राप्ति कर चुके हैं, वे भी ईश्वर की पूजा नहीं करते; क्योंकि वे तो परमात्मा का साक्षात्कार कर चुके हैं और उनका ईश्वर के साथ तदाकार हो चुका है। ईश्वर कभी ईश्वर की पूजा नहीं करता। इन दो सीमांत अवस्थाओं का मध्यवर्ती कोई मनुष्य यदि यह कहे कि मैं मनुष्य-रूप में ईश्वर की पूजा नहीं करता, तो उससे तुम सावधान रहो। वह अपनी जवाबदारी बिना जाने समझे बोलने वाला है। उसका धर्म उथले विचार वालों के लिए है, उस का केवल बौद्धिक व्यर्थवाद है।

अत: ईश्वर की मनुष्य के रूप में उपासना करना नितान्त आवश्यक है। और जिन जातियों में ऐसे उपास्य 'मानव-ईश्वर' हैं, वे धन्य हैं। क्रिस्तानों में क्राइस्ट के रूप में ऐसे मानव रूपधारी ईश्वर हैं। अत: उन्हें क्राइस्ट के प्रति दृढ़ आसक्ति रखनी चाहिए। उन्हें क्राइस्ट को कभी नहीं छोड़ना चाहिए। मनुष्य में ईश्वर के दर्शन करना यही ईश्वर-दर्शन का स्वाभाविक मार्ग है। ईश्वर-संबंधी हमारे समस्त विचार वहीं एकाग्र हो सकते हैं। क्रिस्तानों में महान् कमी इस बात की है कि वे ईसा मसीह के सिवाय ईश्वर के अन्य अवतारों के प्रति श्रद्धा नहीं रखते। क्राइस्ट ईश्वर के अवतार थे, उसी तरह बुद्ध भी ईश्वर के अवतार थे और अन्य सैकड़ों अवतार होंगे। ईश्वर को कहीं पर सीमाबद्ध मत करो। क्रिस्तानों को चाहिए कि ईश्वर की जो कुछ भक्ति करना वे उचित समझें, वे क्राइस्ट के प्रति करें; यही एक भक्ति उनके लिए संभव है। ईश्वर की पूजा नहीं हो सकती; क्योंकि ईश्वर तो सृष्टि में सर्वव्यापी है। उनके मानव-रूप की ही हम उपासना कर सकते हैं। "क्राइस्ट के नाम पर" क्रिस्तान लोगों का ऐसा प्रार्थना करना बहुत अच्छा है। बेहत्तर हो यदि वे ईश्वर से प्रार्थना करना छोड़ केवल क्राइस्ट से ही प्रार्थना करें। ईश्वर मनुष्य की दुर्बलताओं को समझता है और मानवजाति का उपकार करने के लिए ईश्वर मनुष्य बनकर आता है।

जब-जब धर्म का ह्रास और अधर्म की वृद्धि होती है, तब-तब मैं मानवजाति का उद्धार करने आता हूँ। "ऐसा श्रीकृष्ण भगवान् का वाक्य है" "अज्ञानी लोग यह न जानकर कि मैं सृष्टि के सर्वशक्तिमान और सर्वव्यापी ईश्वर यह मानव रूप धारण किया है, मेरी अवहेलना करते हैं और आश्चर्य करते हैं कि यह कैसे संभव है।" उनका मन आसुरी अज्ञान से आच्छादित है, इसलिए वे उस मानवरूप ईश्वर में सृष्टि के स्वामी ईश्वर का दर्शन नहीं कर पाते। ईश्वर के महान् अवतार पूज्यनीय हैं। यही नहीं, पूजा तो केवल इन्हीं की हो सकती है। और इनके जन्म-दिवस तथा महासमाधि-दिवस को हमें विशेष पूज्यनीय मानना चाहिए। क्राइस्ट की पूजा करने में, मैं उनकी पूजा ठीक उसी तरह करूँगा, जैसी कि वे स्वयं ईश्वर की पूजा करना चाहते थे। उनके जन्म-दिवस पर मैं दावत की मौज उड़ाने के बदले प्रार्थना और उपासना द्वारा उनकी पूजा करूँगा। जब हम इन अवतारों का, इन महान् विभूतियों का चिंतन करते हैं, तब ये हमारी आत्माओं के भीतर प्रकट होते हैं और हमें अपने समान बना देते हैं। हमारी संपूर्ण प्रकृति बदल जाती है और उनके समान हो जाती है। पर तुम क्राइस्ट और बुद्ध को वायु में उड़ने वाले भूत-प्रेतों तथा उसी तरह के अन्य अज्ञान कल्पित जंतुओं के समान मत समझ लेना। शान्तम् पापम्! क्राइस्ट भूतदल के साथ नाचने आते हैं! मैंने यह ढोंग इसी देश में देखा है। परमात्मा के ये अवतार इस तरह नहीं आया करते। किसी भी अवतार के स्पर्श मात्र से मनुष्य में कई प्रकार का प्रभाव पड़ता है। जब क्राइस्ट का स्पर्श होगा, तो मनुष्य की समग्र आत्मा परिवर्तित हो जाएगी और वह मनुष्य बदलकर क्राइस्ट जैसा ही बन जाएगा। उसका सारा जीवन आध्यात्मिक बन जाएगा और उसके शरीर के रोम-रोम से आध्यात्मिक शक्ति निकलने लगेगी। क्राइस्ट की जो शक्तियाँ उनके चमत्कारों में और आरोग्यता प्रदानों में दीख पड़ती हैं, वे यथार्थ में क्या थीं? ये तो तुच्छ, असंस्कृत, (त्याज्य) चीजें थी। जिसे किए बिना वे नहीं रह सकते थे, क्योंकि वे असंस्कृत प्राणियों के बीच रहते थे। वे चमत्कारपूर्ण कृत्य कहाँ किए गए? यहूदी लोगों के बीच।

और यहूदी लोग उनको (रखना) नहीं चाहते थे। और ऐसे चमत्कार कहाँ नहीं किए गए? यूरोप में ये चमत्कार तो यहूदियों के पास गए, जिन्होंने क्राइस्ट का परित्याग किया, और उनका 'पर्वत पर का उपदेश' यूरोप को गया, जिसने उनको अपनाया। मानव आत्मा ने जो सत्य था, उसको ग्रहण किया और जो मिथ्या था उसका त्याग किया। क्राइस्ट की महान् शक्ति उनके चमत्कारों में, उनके आरोग्य-देने में नहीं है। यह तो एक अज्ञानी भी कर सकता है। अज्ञानी दूसरों को आराम कर सकते हैं। असुर लोग भी दूसरे के रोग भगा सकते हैं। मैंने भयानक आसुरी मनुष्यों को अद्‌भुत चमत्कार करते देखा है। ऐसे लोग मिट्टी से फल बना डालते हैं। मैंने मूर्खों और आसुरी मनुष्यों को भूत, वर्तमान और भविष्य की बातें बताते देखा है। मैंने मूर्खों को एक दृष्टिपात द्वारा इच्छाशक्ति से बड़े भयानक रोगों को आराम करते देखा है। ये निस्संदेह शक्तियाँ तो हैं, पर बहुधा ये शक्तियाँ आसुरी हुआ करती हैं। इनके सिवाय एक दूसरी शक्ति है, जो क्राइस्ट की आध्यात्मिक शक्ति है– वह जीवित रहेगी और सदा जीवित रहती आई है– वह है सर्वशक्तिशाली, सबको अपनाने वाला प्रेम। वैसे ही, उन्होंने सत्य के शब्दों का उपदेश दिया, वे भी सदा जीवित रहेंगे। उनका अपनी एक नजर से मनुष्यों को निरोग करना विस्मृत हो सकता है, पर "जिनका अंतःकरण पवित्र है, वे धन्य हैं," यह उनकी उक्ति कभी नहीं भुलाई जा सकती। यह उक्ति आज भी जीवित है। यह शब्द-समूह शक्ति का महान् अक्षय भंडार हैं, जो तब तक खाली नहीं हो सकता, जब तक मनुष्य का मन कायम रहेगा। जब तक हम ईश्वर के नाम को भूलेंगे नहीं, तब तक ये शब्द प्रचलित ही रहेंगे और उनका कभी अन्त न होगा। शक्ति की इन्हीं बातों को ईशू ने सिखाया और ये ही शक्तियाँ उनके पास थीं। उनकी शक्ति पवित्रता की शक्ति थी और वह थी यथार्थ शक्ति। अतः हमें क्राइस्ट की उपासना, उनसे प्रार्थना करते समय यह सदा स्मरण रखनी चाहिए कि हम किस वस्तु की इच्छा कर रहे हैं। चमत्कार दिखलाने की उन मूर्खतापूर्ण वस्तुओं को हम नहीं चाहते, वरन् आत्मा की उन अद्‌भुत शक्तियों की

हम आकांक्षा करते हैं, जो मनुष्य को स्वतंत्र बना देती हैं। उसे समग्र प्रकृति पर अधिकार प्राप्त करा देती है और उसे दासत्व की शृंखला से छुड़ाकर ईश्वर के दर्शन करा देती हैं।

4. प्रतिमा की आवश्यकता

भक्ति के दो विभाग हैं। एक 'वैधी भक्ति', जो विधिमयी या 'अनुष्ठानात्मक होती है और दूसरी मुख्या भक्ति या पराभक्ति'। अत्यंत भिन्न श्रेणी से लेकर उच्चतम श्रेणी तक की उपासना के सभी रूपों का समावेश 'भक्ति' शब्द में होता है। दुनिया के सभी देशों और सभी धर्मों में जितनी उपासनाएँ की जाती हैं, उन सबका नियमन प्रेम द्वारा होता है। इन उपासनाओं में बहुत-सा भाग तो केवल विधियों का होता है और बहुत-सा भाग विधियों का न होने पर भी प्रेम नहीं कहा जा सकता; प्रेम से नीची श्रेणी का होता है। तथापि ये विधियाँ आवश्यक होती हैं; भक्ति का यह बाहरी भाग आत्मा की उन्नति के मार्ग में सहायता देने के लिए नितान्त आवश्यक है। मनुष्य यदि सोचे कि मैं एकदम उच्चतम अवस्था को कूदकर पहुँच जाऊँगा तो यह उसकी बड़ी भूल है। यदि बालक यह सोचे कि मैं एक दिन में वृद्ध बन जाऊँगा, तो यह उसकी बड़ी भूल है। मैं आशा करता हूँ कि आप सदा इस बात का ध्यान रखेंगे कि धर्म न तो पुस्तकों में है, न बौद्धिक सम्मति देने में और न तर्कवाद में ही है। तर्क सिद्धांत, आप्तवाक्य, शास्त्राज्ञा, धार्मिक अनुष्ठान– ये सब धर्म के सहायक होते हैं, पर असली धर्म तो साक्षात्कार या अपरोक्ष अनुभव ही है। हम सब कहा करते हैं कि ईश्वर है। क्या आपने ईश्वर को देखा है? यही तो प्रश्न है। आप ने किसी मनुष्य को यह कहते सुना हैं कि 'स्वर्ग में एक ईश्वर है'। आप उससे पूछते हैं कि क्या तुमने ईश्वर को देखा है। और यदि वह कहता है कि हाँ, मैंने ईश्वर को देखा है, तो आप उसकी हँसी करते हैं और कहते हैं, यह पागल है। बहुतेरे मनुष्यों का

धर्म तो किसी सिद्धांत को मानने या एक प्रकार की बौद्धिक सम्मति देने मात्र में ही समाप्त हो जाता है। मैंने अपने जीवन में ऐसे धर्म का उपदेश कभी नहीं किया। मैं इसे धर्म नहीं कहता। इस तरह का धर्म पालन करने की अपेक्षा नास्तिक होना अच्छा है। हमारी बौद्धिक सम्मति या मतभेद पर धर्म अवलम्बित नहीं रहता। आप कहते हैं कि आत्मा है। क्या आपने आत्मा को देखा है? हम सबमें आत्मा है, पर उसे हम देख नहीं पाते, यह कैसी बात है? आपको इस प्रश्न का उत्तर देना होगा और आत्मा को देखने का उपाय निकालना होगा। यदि ऐसा नहीं हो सकता, तो धर्म की बात करना निरर्थक है। यदि कोई धर्म सच्चा है, तो वह धर्म हमें अपने आप में ही आत्मा, ईश्वर और सत्य का दर्शन करा सकने में समर्थ होना चाहिए। यदि आप और हम किसी धार्मिक सूत्र या सिद्धांत के संबंध में सदा लड़ते रहें, तो हम कभी किसी निर्णय पर न पहुँच सकेंगे। इसी तरह लोग सदियों से लड़ते आए हैं, पर नतीजा क्या हुआ? बुद्धि वहाँ तक कदापि पहुँच नहीं सकती। हमें बुद्धि के उस पार जाना होगा। धर्म का प्रमाण तो प्रत्यक्ष अनुभव से ही होता है। दीवाल के अस्तित्व का प्रमाण यही है कि उसे हम देखते हैं। यदि हम बैठ जाएँ और दीवाल के अस्तित्व के संबंध में युग-युगांतर तक बहस करें, तो कभी भी किसी निर्णय पर नहीं पहुँच सकेंगे। पर यदि आप उसे प्रत्यक्ष देख लेंगे तो उतना ही बस है। यदि संसार के सारे मनुष्य आपसे कहें कि दीवाल नहीं थी, तो आप उनका कभी विश्वास न करेंगे, क्योंकि आप जानते हैं कि अपने चक्षुओं का प्रमाण संसार के सूत्रों और सिद्धांतों से बढ़कर है।

धार्मिक होने के लिए सर्वप्रथम आपको पुस्तकें फेंक देनी होंगी। पुस्तकें जितनी कम पढ़ो, उतनी ही तुम्हारी भलाई है। एक समय में एक ही काम करो। इस जमाने में पाश्चात्य देशों में दिमाग की खिचड़ी करने की प्रवृत्ति हुआ करती है। सभी तरह के अपरिपक्व विचार दिमाग में जाकर चक्कर खाते हैं और कुहराम मचा देते हैं। इन विचारों को दिमाग में ठंडा होने का और निश्चित आकार में जमने का मौका ही नहीं मिलता। बहुधा यह एक प्रकार का रोग हो जाता है। यह तो धर्म

कदापि नहीं कहा जा सकता। इसके अलावा कई लोगों को ज्ञान-तंतु संबंधी उत्तेजना की जरूरत होती है। उन्हें बताइए कि ऐसे भूत हैं, जो अदृश्य रूप में वर्तमान हैं और उनको ताक रहे हैं; या कि उत्तरी ध्रुव या और किसी दूर देश के लोग पंखों के सहारे उड़ते-उड़ते अथवा और किसी विचित्र रूप से आ रहे हैं। उन्हें ऐसी ऐसी बातें बताइए, जिनको सुनकर उनके हृदय में सनसनी पैदा हो। तब वे संतुष्ट होकर अपने घर जाएँगे। पर 24 घंटे बाद पुनः वे नई उत्तेजना के लिए तैयार मिलेंगे। इसे ही कुछ लोग धर्म कहते हैं। यह तो पागलखाने का रास्ता है, न कि धर्म का। यदि आप इसी राह में एक शताब्दी तक चलेंगे, तो इस देश को आप एक बड़ा पागलखाना बना डालेंगे। परमात्मा के पास दुर्बल लोग नहीं पहुँच सकते। ये सब उत्तेजक कहानियाँ श्रोता को दुर्बल कर देती हैं। अतः ऐसी चीजों को अपने पैर की उँगलियों से भी स्पर्श न करो। इनसे मनुष्य केवल कमजोर बनता है, दिमाग में गड़बड़ी पैदा होती है, मन दुर्बल हो जाता है, आत्मा का नैतिक पतन होता है और नैराश्यपूर्ण संभ्रम (विशृंखला) ही इसका अंतिम फल होता है। आप इस बात को ध्यान में रखिए कि धर्म न बातों में है, न सिद्धांतों में और न पुस्तकों में, वह है प्रत्यक्ष अनुभव में। धर्म तो शिक्षा नहीं है, आचरण है। धर्म को सीखना नहीं है, "धार्मिक होना है।" 'चोरी मत करो', इसे हर कोई जानता है, पर इससे क्या? इसे तो यथार्थ में उसी ने जाना, जिसने चोरी नहीं की। 'दूसरों को हानि मत पहुँचाओ।' यह बात हर एक को मालूम है, पर इसके क्या लाभ? जिन्होंने दूसरों को हानि नहीं पहुँचाई, उन्हीं ने इस वाक्य का अनुभव किया। उन्हीं ने इसे जाना और उस सिद्धांत पर अपने चरित्र का निर्माण किया। अतः हमें धर्म का अनुभव करना है। और धर्म का यह अनुभव एक लंबी क्रिया है। जब मनुष्य किसी उच्च अद्भुत विषय के संबंध में सुनते हैं, तब वे यही समझने लगते हैं कि वे उसे एकदम प्राप्त कर लेंगे। क्षण भर भी वे यह नहीं विचारते कि उसकी प्राप्ति के लिए उन्हें उसका रास्ता तय करना पड़ेगा। वे तो वहाँ एकदम कूदकर पहुँच जाना चाहते हैं। यदि वह स्थान अत्यन्त उच्च है,

तो भी हम वहाँ पहुँच जाना चाहते हैं। हम यह सोचने के लिए कभी नहीं रुकते कि हममें उतनी शक्ति है या नहीं। नतीजा यह होता है कि हम कुछ नहीं कर पाते। आप किसी मनुष्य को कांटेदार चम्मच से उठाकर ऊपर नहीं ढकेल सकते। हम सबको क्रमशः प्रयत्न करने की आवश्यकता होती है। इसलिए धर्म का यह पहला भाग वैधी भक्ति–उपासना की यह निचली श्रेणी–है।

उपासना की ये निम्न अवस्थाएँ क्या हैं? इसे बतलाने के पूर्व मैं आपसे एक प्रश्न करूँगा। आप सब कहते हैं कि परमेश्वर है और वह सर्वव्यापी व्यक्ति है। परंतु सर्वव्यापित्व के संबंध में आपकी क्या कल्पना है? उत्तर देते समय आप केवल अपनी आँखें मूंद लेते हैं और मुझे बताते हैं कि वह सर्वव्यापी किस तरह का है। आप क्या पाते हैं? या तो आप समुद्र का विचार कर रहे हैं या नीले आकाश का या किसी मैदान के विस्तार का या ऐसी चीजों का, जिन्हें आपने अपने जीवन में देखा है। यदि ऐसा ही है, तो आप "सर्वव्यापी ईश्वर" इन शब्दों से कुछ नहीं समझते। आपके पास उनका कोई अर्थ नहीं। इसी तरह ईश्वर के अन्य गुणों के संबंध में भी जानिए। साधारणतः सर्वशक्तिमान या सर्वदर्शी के संबंध में भी हमारी क्या कल्पना हुआ करती है? कुछ भी नहीं। अनुभव करना ही धर्म है, और जब आप ईश्वर के विषय में आपकी जो कल्पना है, उसका अनुभव करने में समर्थ हो जाएँगे, तब मैं आपको ईश्वर का उपासक या पुजारी कहूँगा। पर तब तक आपको केवल शब्द के हिज्जे ही मालूम हैं। आप इससे अधिक और कुछ नहीं जानते। उस अवस्था में पहुँचने के लिए, जिसमें हम ईश्वर का अनुभव कर सकेंगे, हमें साकार वस्तु के मार्ग से पार करना होगा, ठीक उसी तरह, जैसे कि बच्चे प्रथम साकार वस्तुओं का अभ्यास करके तदुपरान्त क्रमशः भाववाचक की ओर जाते हैं। यदि आप किसी बालक को दो 'पंजे दस' बताते हैं, तो वह नहीं समझता। पर यदि आप उसे दस चीजें दें और दो-दो चिजें पाँच बार उठाने से दस कैसे हुए, यह दिखा दें, वह उसे ठीक समझ लेगा। यह धीरे-धीरे चलने तथा देरी का तरीका है। यहाँ धर्म के क्षेत्र में हम

सब बच्चे ही हैं। हम उम्र में चाहे बूढ़े हों, संसार की सारी पुस्तकों का अध्ययन चाहे हमने कर लिया हो, पर आध्यात्मिक क्षेत्र में तो हम सब बच्चे ही हैं। अनुभव करने की इस शक्ति से धर्म बनता है। सिद्धांत, सूत्र, तत्त्वज्ञान या नैतिक वचनों का जो ज्ञान आपके दिमाग में ठूंस-ठूसकर भरा है, उससे कुछ अधिक मतलब नहीं है। आप क्या हैं और आपने क्या अनुभव किया है—ये ही मतलब की बातें हैं। हमने सूत्रों और सिद्धांतों का तो अध्ययन किया है, पर अपने जीवन में अनुभूति या साक्षात्कार कुछ भी नहीं किया है। अब हमें स्थूल या साकार रूप में विधि, मंत्र, स्तोत्र, संस्कार और अनुष्ठानों द्वारा प्रारंभ करना होगा। स्थूल विधियाँ हजारों होंगी। सबके लिए एक ही विधि होना आवश्यक नहीं है। किसी को मूर्ति से सहायता मिलती है और किसी को नहीं। किसी को बाहरी मूर्ति की आवश्यकता होती है और किसी को अपने मन में ही मूर्ति की कल्पना करने की आवश्यकता पड़ती है। मन में ही मूर्ति की कल्पना कर लेनेवाला कहता है, "मैं उच्च श्रेणी का हूँ, क्योंकि मानस पूजा ठीक है; बाहरी मूर्ति की पूजा करना बुतपरस्ती है, निंदनीय है; मैं उसका विरोध करूँगा।" जब मनुष्य गिरजाघर या मंदिर के रूप में मूर्ति बनाता है, तो वह उसे पवित्र समझता है। पर यदि वह मूर्ति मनुष्य की आकृति हुई, तो उसे वह बिलकुल घृणित समझता है ! इस तरह मन अपना यह स्थूल अभ्यास भिन्न-भिन्न रूपों द्वारा करेगा और धीरे-धीरे हमें सूक्ष्म का ज्ञान प्राप्त होगा, सूक्ष्म का अनुभव होगा। फिर भी एक ही विधि सब के लिए ठीक नहीं हो सकती। एक विधि मेरे लिए उपयुक्त हो सकती है। दूसरी किसी और के लिए, इसी तरह जानिए सभी मार्ग यद्यपि उसी ध्येय को पहुँचाते हैं, तथापि वे सभी मार्ग सब के लायक न हों। साधारणत: यहाँ पर हम एक गलती और करते हैं। मेरा आदर्श आपके लायक नहीं है तो मैं उसे जबरदस्ती आपके गले क्यों मढ़ूँ? गिरजाघर बनाने का मेरा नमूना या स्तोत्र पाठ करने की मेरी विधि यदि आपको ठीक नहीं जँचती, तो मैं उस संबंध में आप पर जबरदस्ती क्यों करूँ? आप दुनिया में जाइए। और प्रत्येक मूर्ख यही कहेगा कि मेरी

ही विधि ठीक है तथा अन्य सब विधियाँ आसुरी हैं, संसार में मेरे सिवाय ईश्वर का और कृपापात्र पैदा ही नहीं हुआ! पर सभी विधियाँ अच्छी और उपयोगी हैं। और जैसे भिन्न-भिन्न प्रकार की मनुष्य प्रकृतियाँ हैं ठीक उसी तरह भिन्न-भिन्न प्रकार के धर्म भी हैं और जितने ही अधिक प्रकार के धर्म हों, उतना ही संसार के लिए भला है। यदि संसार में बीस प्रकार के धर्म हैं, तो बहुत अच्छा है, और यदि 400 प्रकार के धर्म हो गए, तो और भी अच्छा; क्योंकि उस अवस्था में धर्म पसंद करने का अवसर और अधिक रहेगा। सो हमें तो धर्म तथा धार्मिक आदर्शों की संख्या बढ़ने पर उलटे प्रसन्न ही होना चाहिए, क्योंकि ऐसा होने से प्रत्येक मनुष्य को किसी-न-किसी धर्म-पालन का अवसर मिलेगा तथा मानवजाति को और अधिक सहायता मिलेगी। ईश्वर करे, धर्मों की संख्या यहाँ तक बढ़े कि प्रत्येक मनुष्य को अपने लिए हर किसी के धर्म से अलग एक धर्म मिल जाए। भक्तियोग की यही कल्पना है

अन्तिम भाव यही है कि मेरा धर्म तुम्हारा नहीं हो सकता और तुम्हारा धर्म मेरा नहीं हो सकता। यद्यपि ध्येय और उद्देश्य एक ही है, तथापि हर एक का अपनी-अपनी मानसिक प्रवृत्ति के अनुसार मार्ग भिन्न है। यद्यपि ये मार्ग भिन्न-भिन्न हैं, तो भी सभी मार्ग ठीक होने ही चाहिए, क्योंकि वे सभी उसी स्थान को पहुँचाते हैं। उनमें से एक ही सत्य हो और बाकी सब गलत हों, यह संभव नहीं। अपना मार्ग पसंद कर लेना ही 'इष्ट' या चुना हुआ मार्ग भक्ति की भाषा में कहलाता है।

तदुपरान्त 'शब्दों' के विषय में सुनिये। आप सब लोगों ने शब्दों की शक्ति के संबंध में सुना है। उनकी कैसी अद्‌भुत शक्ति होती है! धर्मग्रंथ बाइबिल, कुरान और वेद शब्दों की शक्ति से भरे पड़े हैं। कुछ शब्दों का मानवजाति पर अद्‌भुत प्रभाव है। फिर दूसरे आकार और चिन्ह भी हैं, चिन्हों का भी मनुष्य के मन पर बहुत असर पड़ता है। धर्म के बड़े-बड़े चिन्ह अनाप-सनाप नहीं बनाये गए हैं। हम देखते हैं कि चिन्ह विचारों के प्रकट करने के स्वाभाविक तरीके हैं। हम चिन्हों द्वारा ही

विचार करते हैं। हमारे सब शब्द उनके पीछे रहने वाले विचारों के चिन्ह मात्र हैं। भिन्न-भिन्न जाति के लोग भिन्न-भिन्न चिन्हों का उपयोग बिना उसका कारण जाने ही करने लगे हैं। विचार या भाव भीतर रहते हैं और इन चिन्हों का इन भावों और विचारों से संबंध है। जिस तरह भीतरी भाव इन चिन्हों को बाहर प्रकट करते हैं, उसी तरह ये चिन्ह भी भीतर उन विचारों या भावों को पैदा करते हैं। इसलिए भक्ति के इस अंश में इन चिन्हों, शब्दों और प्रार्थनाओं के विषय में वर्णन है। प्रत्येक धर्म में प्रार्थनाएँ हैं पर एक बात ध्यान में रखनी होगी कि आरोग्य या धन के लिए प्रार्थना करना भक्ति नहीं है–वह सब कर्म या पुण्य है। किसी भौतिक लाभ के लिए प्रार्थना करना निरा कर्म है; उसी तरह स्वर्ग-प्राप्ति अथवा अन्य किसी कार्य के लिए प्रार्थना करने को भी जानो। जो ईश्वर से प्रेम करना चाहता है, भक्त होना चाहता है, उसे ऐसी प्रार्थनाएँ छोड़ देनी चाहिए। जो ज्योतिर्मय प्रदेश में प्रवेश चाहता है, उसे इस क्रय-विक्रय, इस "दुकानदारी" के धर्म की गठरी बाँधकर अलग रख देनी होगी; तत्पश्चात् उस प्रदेश के द्वार में प्रवेश करना चाहिए। ऐसी बात नहीं कि जिस वस्तु के लिए प्रार्थना करोगे, उसे नहीं पाओगे। तुम प्रत्येक वस्तु पा सकते हो। पर यह तो नीच और गँवार का–भिखारी का धर्म हुआ। वह सचमुच मूर्ख है, जो "गंगा के किनारे रहकर पानी के लिए कुआँ खोदता है।" जो हीरों की खान में आकर काँच के टुकड़ों की खोज करता है, वह मूर्ख नहीं तो और क्या है? कैसा आश्चर्य है, ईश्वर के पास माँगा भी तो आरोग्य, भोजन या कपड़े का टुकड़ा! जो ईश्वर हीरों की खदान है, उसके पास इन सांसारिक काँच के टुकड़ों की माँग! यह शरीर कभी तो मरेगा ही। सो इसकी आरोग्यता के लिए पुनः पुनः प्रार्थना करने से क्या लाभ? आरोग्य और धन में रखा ही क्या है?

धनी-से-धनी मनुष्य भी अपने धन के थोड़े से ही अंश का उपभोग कर सकता है। हम संसार की सभी चीजें प्राप्त नहीं कर सकते। जब हम उन्हें प्राप्त नहीं कर सकते तो क्यों हमें उनकी चिंता करनी चाहिए? जब यह शरीर ही नष्ट हो जाएगा तब इन वस्तुओं की परवाह

कैसी? यदि अच्छी चीजें आएँ, तो भली बात है! आने दो! और यदि ये चीजें जाती हैं, तो भी भली बात है! जाने दो! जब वे आती हैं, तो भी धन्य है। जब जाती हैं, तो भी धन्य है। हम तो ईश्वर का साक्षात्कार करने जा रहे हैं, हम उन 'सम्राटों के सम्राट' के समक्ष पहुँचने का प्रयत्न कर रहे हैं। हम वहाँ भिखारी के वेश में नहीं पहुँच सकते। यदि हम भिखारी के वेश में बादशाह के दरबार में प्रवेश करना चाहें, तो क्या हम प्रवेश पा सकेंगे? कदापि नहीं। हम भगा दिए जाएंगे। हमारे ईश्वर सम्राटों के सम्राट हैं और हम उनके समक्ष भिखारियों के चीथड़ों में प्रवेश नहीं कर सकते और वैसे ही दुकानदारों का भी वहाँ प्रवेश नहीं है। वहाँ क्रय-विक्रय से काम नहीं चलता। जैसा बाइबिल में वर्णन है, ईशू ने खरीदने और बेचनेवालों को मंदिर से भगा दिया। तिस पर भी लोग प्रार्थना करते हैं, "हे ईश्वर! मैं अपनी तुच्छ विनती तुझ तक भेजता हूँ। मुझे इसके बदले एक नई पोशाक दे दो। हे ईश्वर! मेरा सिर का दर्द मिटा दे। मैं कल दो घंटे अधिक प्रार्थना करूँगा।" अपने मानसिक क्षेत्र में अपने को इससे कुछ ऊपर उठाओ। इस तरह की छोटी-छोटी बातों के लिए प्रार्थना करने की अवस्था से अपनी अवस्था को ऊँचा समझो। यदि मनुष्य अपनी मानसिक शक्ति को ऐसी चीजों के लिए प्रार्थना करने में लगा दे, तो फिर मनुष्य और पशु में अंतर ही क्या रहा? ऐसी समस्त इच्छाओं का, और स्वर्ग-प्राप्ति की कामना का भी परित्याग करना भक्त का प्रथम कार्य है। स्वर्ग क्या है? स्वर्ग भी यहाँ के ही इन स्थानों के समान है थोड़ा कुछ इनसे बेहतर होगा। यहाँ हमें कुछ दुःख और कुछ सुख मिलता है। वहाँ स्वर्ग में शायद दुःख कुछ कम मिले और सुख कुछ अधिक। पर यहाँ की अपेक्षा वहाँ हमें ज्ञान का प्रकाश कुछ भी अधिक न मिलेगा। वह तो केवल हमारे शुभ कार्यों का फलस्वरूप होगा। ईसाई लोग स्वर्ग को अत्यधिक सुखभोग का स्थान मानते हैं। ऐसा स्वर्ग भला ईश्वर का स्थान कैसे हो सकता है? या स्वर्ग-प्राप्ति से हमें ईश्वर-प्राप्ति का आनंद कैसे प्राप्त हो सकता है? प्रश्न यही है कि इन सब कामनाओं का त्याग कैसे किया जाए? यही कामनाएँ ही मनुष्य को

दु:खी बनाती हैं। मनुष्य इन्ही कामनाओं से बँधे हुए गुलाम होते हैं उनके हाथ की कठपुतली बन जाते हैं और खिलौनों की तरह इधर-से-उधर पटक दिए जाते हैं। जिस शरीर को कोई भी वस्तु चूर्ण कर सकती है, ऐसे शरीर की चिन्ता लिए हुए हम सदा बैठे रहते हैं। इसी कारण हम निरन्तर भय की अवस्था में अपना जीवन व्यतीत करते हैं। मैंने पढ़ा है कि मृग को केवल अपने डर के कारण प्रतिदिन 60-70 मील की दौड़ लगानी पड़ती है। मीलों वह दौड़े ही दौड़ लगाता है और तत्पश्चात् थोड़ा रुककर कुछ खाता है। परंतु हमें यह जान लेना चाहिए कि हम मृग से भी गई-बीती स्थिति में हैं। मृग को तो कुछ आराम मिलता भी है, पर हमें आराम कहाँ? यदि मृग को पर्याप्त तृण मिल जाए; तो वह संतुष्ट हो जाता है पर हम तो अपनी जरूरतें सदा बढ़ाते ही रहते हैं। अपनी आवश्यकताओं को बढ़ाने की हमारी प्रवृत्ति बहुत दूषित प्रवृत्ति है। हम ऐसे विक्षिप्त और अप्राकृतिक बन गए हैं कि हमें किसी भी प्राकृतिक वस्तु से संतोष नहीं होता। हम सदा दूषित चीजों के पीछे, अस्वाभाविक उत्तेजनाओं के पीछे दौड़ा करते हैं। हमें खान-पान, आस-पास की चीजें और जीवन भी अस्वाभाविक चाहिए। हम साँस लेने के लिए वायु को भी पहले जहरीली बना लिया करते हैं। और डर का तो कुछ पूछिये ही नहीं! हमारा सारा जीवन ही डर का समूह छोड़ और क्या है। मृग को तो केवल एक ही प्रकार के जीवों का– बाघ, भेड़िया इत्यादि प्राणियों का डर रहता है, तो मनुष्य को सारी सृष्टि से डर बना रहता है।

इससे हम अपने को मुक्त कैसे कर सकते हैं। यही प्रश्न है। उपयोगितावादी खड़े होकर पुकारते हैं, "ईश्वर और परलोक की बातें मत करो। हमें इनके विषय में कुछ मालूम नहीं है। इस संसार में ही सुख की जिन्दगी बिताना उचित है।" यदि हम ऐसा कर सकते, तो मैं सबसे पहले यही करता, पर दुनिया हमें जब ऐसा करने दे तब न? जब तक तुम प्रकृति के गुलाम हो तब तक ऐसा कर ही कैसे सकते हो? तुम जितना ही अधिक प्रयत्न करते हो, उतना ही अधिक उलझते जाते हो। न मालूम कितने वर्षों से तुम कितनी तजवीजें उपाय कर रहे हो, पर हर समय

अन्त में यही देखते हो कि अवस्था उत्तरोत्तर बुरी होती जा रही है। दो सौ वर्ष पहले पुरानी दुनिया में मनुष्य की आवश्यकताएँ बहुत-थोड़ी थीं, पर जैसे-जैसे मनुष्य का ज्ञान अंकगणित के जोड़ के क्रम से बढ़ता गया, उनकी आवश्यकताएँ गुणन-क्रम से बढ़ती गईं। हम सोचते हैं कि मोक्ष पाने से या स्वर्ग जाने से हमारी इच्छाएँ अवश्य पूर्ण हो जाएँगी और इसलिए हम स्वर्ग जाने की इच्छा करते हैं। यह तृष्णा अनन्त है, वह कभी बुझने वाली नहीं! सदा किसी-न-किसी वस्तु की कमी बनी ही रहती है! यदि मनुष्य भिखारी है, तो उसे धन चाहिए। यदि धनी हो गया, तो उसे अन्य चीजें चाहिए, समाज चाहिए, और उसके बाद भी कुछ और चाहिए। आराम या शान्ति कभी मिलती ही नहीं। इस तृष्णा को हम कैसे शान्त कर सकते हैं? यदि हम स्वर्ग को जाते हैं, तो हमारी इच्छाओं की और भी वृद्धि होती है। यदि गरीब आदमी धनी हो जाता है, तो उसकी वासना तृप्त नहीं होती। धन तो अग्नि में घृत छोड़ने के समान उसकी प्रदीप्त ज्वालाओं की वृद्धि ही करता है। स्वर्ग जाने का अर्थ है अत्यधिक धनवान् होना, और तब तो वासना अधिकाधिक बढ़ती है। हम संसार के भिन्न-भिन्न धर्म ग्रंथों में पढ़ते हैं कि स्वर्ग के देवता मनुष्यों की तरह कई प्रकार की शरारतें किया करते हैं। वहाँ स्वर्ग में सदा बहुत सज्जन बसते हैं ऐसा नहीं है। आखिर यह स्वर्ग जाने की इच्छा भी तो सुखभोग की वासना ही है। इस इच्छा का परित्याग करना चाहिए। आप लोगों के लिए स्वर्ग जाने का विचार करना बहुत हीन और तुच्छ बात है। यह ठीक उसी विचार के सरीखा है कि मैं करोड़पति होऊँगा और लोगों पर हुकूमत करूँगा। ऐसे स्वर्ग तो अनेक हैं, पर धर्म और प्रेम के द्वार में प्रवेश करने का अधिकार इन स्वर्गों के द्वारा आप प्राप्त नहीं कर सकते।

5. प्रतिमा के भेद

संस्कृत भाषा में दो शब्द हैं 'प्रतीक' और 'प्रतिमा'। 'प्रतीक' का अर्थ है उस ओर जाना या समीप पहुँचना। सभी धर्मों में उपासना की कई श्रेणियाँ हैं, उदाहरणार्थ– इसी देश में ऐसे लोग हैं, जो साधुओं की मूर्ति की पूजा करते हैं और ऐसे लोग भी हैं, जो किसी मूर्ति आकृति या चिन्हों की पूजा करते हैं। फिर ऐसे भी लोग हैं, जो मनुष्य से उच्चतर प्राणियों की पूजा करते हैं– और ऐसों की संख्या बहुत-ज़ोर से बढ़ रही है। जो परलोकगत आत्माओं के पुजारी हैं। मैंने पढ़ा है कि इस तरह के लोग यहाँ 80 लाख हैं। तदुपरांत और भी दूसरे लोग हैं, जो उच्च श्रेणी के व्यक्तियों-देवदूत, देवता इत्यादि-की पूजा करते हैं। इन भिन्न भिन्न श्रेणियों में से भक्तियोग किसी का तिरस्कार नहीं करता। वह इन सब को एक नाम 'प्रतीक' के अंतर्गत लेकर प्रतीक-पूजा कहकर मानता है। ये सब ईश्वर की उपासना नहीं कर रहे हैं, पर प्रतीक की एक ऐसी वस्तु जो ईश्वर के करीब या समीप है उसकी उपासना कर रहे हैं, जो ईश्वर के समीप है। इन सबमें से होकर वे ईश्वर की ओर पहुँचने की कोशिश कर रहे हैं, यह प्रतीक-पूजा हमें मुक्ति और स्वातंत्र्य के पद तक नहीं पहुँचा सकती। यह तो हमें उन विशेष चीजों को ही दे सकती है, जिनके लिए हम उनकी पूजा करते हैं। उदाहरणार्थ, यदि कोई अपने मरे हुए पूर्वजों की या मरे हुए मित्रों की पूजा करता है, तो वह उनसे शायद कुछ शक्तियाँ या कुछ संदेश पाप्त कर ले। इन पूज्य वस्तुओं से जो विशेष देनगी मिलती है, वह 'विद्या' या विशेष ज्ञान कहलाती है। पर अंतिम लक्ष्य मुक्तिलाभ तो हमें स्वयं भगवान् की पूजा

से ही प्राप्त होता है। वेदों की व्याख्या करते समय संस्कृत के कुछ पंडित यह कहते हैं कि स्वयं सगुण-ईश्वर भी वेदों में प्रतीक ही है। पर यह अर्थ ठीक नहीं है। सगुण-ईश्वर प्रतीक भले ही मान लिया जाए, पर प्रतीक न तो सगुण-ईश्वर होता है और न निर्गुण-ईश्वर। उसकी पूजा ईश्वर के रूप में नहीं की जा सकती। अतः यदि लोग ऐसा समझने लगें कि इन भिन्न भिन्न प्रतीकों की–देवदूतों, पूर्वजों या पवित्र पुरुषों (महात्मा, संत इत्यादि को) की या मृतात्माओं की-पूजा द्वारा हम कभी भी मुक्ति प्राप्त कर सकते हैं, तो यह उनकी बड़ी भूल होगी। अधिक-से-अधिक इतना ही संभव है कि इनके द्वारा वे कुछ शक्तियाँ प्राप्त कर लें, पर मुक्त तो उन्हें केवल ईश्वर ही कर सकता है; परंतु इस कारण इन प्रतीकों का तिरस्कार नहीं करना है; उनकी पूजा का कुछ-न-कुछ फल तो होता ही है। जो मनुष्य इससे उच्च और विषय नहीं समझता, वह इन प्रतीकों से कुछ शक्ति, कुछ सुख भले ही प्राप्त कर ले; पर दीर्घ काल के अनुभव के उपरान्त जब वह मुक्तिलाभ के लिए तैयार हो जाएगा, तब वह स्वयं ही इन प्रतीकों को त्याग देगा।

इन सब भिन्न-भिन्न प्रतीकों में से सबसे अधिक प्रचार परलोकगत मित्रों की पूजा का ही है। मित्रों के लिए व्यक्तिगत प्रेम मानव-प्रकृति में इतना दृढ़ होता है कि जब हमारे मित्र की मृत्यु हो जाती है तो हम पुनः एक बार उनका दर्शन करना चाहते हैं। हम उसके शरीर को छाती से लगा लेते हैं। हम यह भूल जाते हैं कि उनकी जीवितावस्था में उसके शरीर में सदा परिवर्तन हुआ करता था। उसके मरने पर हम समझते हैं कि वह स्थायी हो जाते है और हम उन्हें उसी तरह देख सकेंगे। यही नहीं, यदि मेरा मित्र या पुत्र, जो जीवन-काल में दुष्ट था, वह अब मर गया है, तो मैं समझता हूँ कि वह बड़ा सज्जन था और वह अब मेरे लिए ईश्वर बन गया है। हिंदुस्तान में ऐसे लोग हैं, जो मृत शिशु के शरीर को जलाते नहीं वरन् गाड़ देते हैं, और उस पर एक मंदिर बना देते हैं। और वह छोटा शिशु उस मंदिर का ईश्वर बन जाता है। किसी भी देश में धर्म का यह एक बहुत प्रचलित रूप है।

और ऐसे तत्त्ववेत्ताओं की भी कमी नहीं है, जो समझते हैं कि सब धर्मों का मूल यही रहा है। पर यह निश्चय है कि वे इसे सिद्ध नहीं कर सकते। तो भी हमें यह स्मरण रखना चाहिए कि प्रतीकों की पूजा हमें मोक्ष या मुक्ति प्रदान नहीं कर सकती। दूसरे इसमें डर (या जोखिम) भी बहुत है। डर इस बात का है कि प्रतीक या "समीपी अवस्था जहाँ तक कि हमें और आगे की सीढ़ी में पहुँचाते हैं वहाँ तक तो ठीक हैं, पर 99 प्रतिशत संभावना तो यह है कि हम सारा जीवन इन्हीं प्रतीकों से ही चिपके रहेंगे। किसी विशेष धर्म में जन्म लेना बहुत अच्छा है, पर उसी में मरना बहुत बुरा है। अधिक स्पष्ट रीति से और कहा जाए तो किसी संप्रदाय में जन्म लेना और उसकी शिक्षा ग्रहण करना बहुत अच्छा है। उससे सद्‌गुणों का विकास होता है। पर अधिकांश संख्या तो ऐसों की ही होती है, जो उसी छोटे से संप्रदाय में रहते हुए ही मृत्यु को प्राप्त हो जाते हैं। न वे उससे बाहर निकलते हैं और न उनकी उन्नति होती है। इन सब प्रतीकों की उपासना में बहुत बड़ा भय तो यही है। मनुष्य तो कहता है कि ये सब मार्ग की सीढ़ियाँ हैं, जिनके द्वारा वह अपने ध्येय की ओर जा रहा है। पर जब वह बूढ़ा हो जाता है, तो भी हम उसे उन्हीं में चिपके हुए पाते हैं। यदि कोई युवक चर्च को नहीं जाता, तो वह निंदनीय है, पर यदि कोई वृद्ध बुढ़ापे में भी चर्च जाना जारी रखता है, तो वह भी निंदा का पात्र है। उसका अब बच्चे के खेल से और क्या मतलब? चर्च द्वारा उसे अब तक कोई उच्चतर वस्तु प्राप्त हो जानी चाहिए थी। उसे अब बुढ़ापे में उपासना-विधि और प्रतीकों से और उसी तरह की प्रारंभिक साधनाओं से क्या प्रयोजन?

'ग्रंथ-पूजा' इस प्रतीक का एक जबरदस्त नमूना बल्कि सबसे बढ़कर नमूना है। प्रत्येक देश में यही पाएँगे कि ग्रंथ ने ईश्वर का स्थान ले रखा है। मेरे देश में कुछ ऐसे संप्रदाय हैं, जिनका विश्वास है कि ईश्वर अवतार लेकर मनुष्य बनता है, पर ईश्वर को अवतारी पुरुष बनकर वेदों के अनुसार ही चलना चाहिए। और यदि उसके उपदेश वेदों से असंगत हैं, तो उन उपदेशों को लोग नहीं मानेंगे। बौद्धों के अतिरिक्त

अन्य संप्रदाय वाले भी बुद्ध की पूजा करते हैं। पर यदि तुम उनसे कहो कि "यदि जब तुम बुद्ध की पूजा करते हो, तो उसके उपदेशों को भी क्यों नहीं मानते?" तो उत्तर यही मिलेगा कि उनके उपदेशों ने वेद को स्वीकार नहीं किया है। ग्रंथ-पूजा का यही अर्थ निकलता है। धर्मग्रंथ के नाम से चाहे कितनी ही मिथ्या बातें उचित हो सकती हैं। हिंदुस्तान में यदि मैं किसी नई बात की शिक्षा देना चाहूँ और सिर्फ यही कहूं कि यह तो मैं अपने ही अधिकार से था जैसा मैं समझता हूँ वैसा बता रहा हूँ तो मेरी कोई न सुनेगा। पर यदि मैं वेदों से कुछ ऋचाएँ निकालकर उन्हीं का तोड़-मरोड़ करूँ और उनका अत्यंत असंभव अर्थ भी निकालूँ? उसमें जो कुछ भी सयुक्तिक है, उसका गला घोंट डालूँ और स्वयं अपने विचारों को ही वेदों का तात्पर्य कहकर जाहिर करूँ, तो सभी मूर्ख झुंड-के-झुंड मेरे पीछे चलेंगे! फिर ऐसे भी मनुष्य हैं, जो जोर के साथ ऐसे ईसाई-धर्म का उपदेश करते हैं कि साधारण ईसाई उसे सुनकर घबरा जाता है। पर वे तो यही कहते हैं कि 'ईसा मसीह का यही मतलब था'। तब तो सारे मूर्ख उनके चारों ओर एकत्र हो जाते हैं। वे ऐसी कोई भी नई बात सीखना नहीं चाहते, जो वेदों या बाइबिल में न हो। यह तो ज्ञान-तंतुओं से संबंध रखने वाली बात है। कोई भी नई और अद्‌भुत बात सुनते ही तुम चौंक उठते हो, या जब तुम कोई नई चीज देखते हो, तो चौंक पड़ते हो– यह मनुष्य की प्रकृति ही है। विचारों के संबंध में ऐसा और भी अधिक होता है। मन लीकों में ही दौड़ता है। (मन पुरानी लकीर का फकीर हुआ करता है) नए विचारों के ग्रहण करने में अत्यधिक प्रयास पड़ता है, अत: ऐसे नए विचारों को पुरानी लीकों के पास ही ले जाकर रखना पड़ता है, और तब हम उन्हें धीरे से ग्रहण कर लेते हैं। यह हिकमत तो अच्छी है, पर नीति बुरी है। विचार तो कीजिए ये सुधारक जिन्हें हम उदार मत के उपदेशक कहा करते हैं, कैसी ढेर-के-ढेर असंबद्ध (या झूठ) बातों का समाज में आज प्रचार कर रहे हैं, इसका विचार तो करो। ईसाई विज्ञानियों के मतानुसार ईसा मसीह एक आरोग्य देने वाले सिद्धहस्त वैद्य थे। आध्यात्मवादियों

के मत में वे एक बड़े मांत्रिक थे और थियासोफिस्टों के मत में वे महात्मा थे। ये सब भाव ग्रंथ के एक ही वाक्य से निकालना हैं। वेदों में एक वाक्य है–'केवल सत् का ही अस्तित्व था। हे प्यारे! आदि में और कुछ नहीं था।" इस वाक्य के 'सत्' शब्द के अनेकों अर्थ लगाए जाते हैं। परमाणुवादी कहते हैं कि 'सत्' शब्द का अर्थ 'परमाणु' है और इन्हीं परमाणुओं से सृष्टि का निर्माण हुआ। प्रकृतिवादी कहते हैं कि उस शब्द का अर्थ प्रकृति है और प्रकृति से ही सब चीजों की उत्पत्ति हुई है। शून्यवादी (निहिलस्ट) कहते हैं कि उस शब्द का अर्थ है "कुछ नहीं", 'शून्य' और शून्य से ही सब कुछ आया है। आस्तिक कहते हैं कि उस शब्द का अर्थ ईश्वर है और अद्वैतवादी के मत से उसका अर्थ है पूर्ण सत्य, इतनी विभिन्नता होते हुए भी सब कोई उसी वाक्य को अपना-अपना प्रमाण बताते हैं।

'पुस्तक-पूजा' में ये ही दोष हैं, परंतु साथ-ही-साथ उसमें एक गुण भी है। उससे मजबूती आती है। जिन-जिन संप्रदायों की पुस्तक थी, उन्हें छोड़ बाकी सब संप्रदायों का लोप हो गया। पुस्तकवालों की हत्या कोई नहीं कर सकता ऐसा प्रतीत होता है। आप लोगों में से किसी-किसी ने पारसी लोगों का नाम सुना होगा। वे लोग पुराने ईरान के देशवासी थे और उनकी संख्या एक समय लगभग एक अरब थी। अरब के लोगों ने उन्हें जीता, और आधुनिक अपने ही घर (स्वदेश) में तो मुसलमान हो गए हैं। उनमें से मुट्ठी भर पारसी अपने ग्रंथ को लेकर अपने सताने वालों के पास से भागे और उसी ग्रंथ ने उन्हें आज तक कायम रखा है। फिर यहूदियों का विचार कीजिए। यदि उनके ग्रंथ न होता, तो दुनिया में से वे कब के मिट गए होते, पर उनके ग्रंथ ने ही उनकी जीवनी शक्ति को बनाए रखा है। उनके 'तालमूद' ने ही, उन पर घोर अत्याचार होते हुए भी, उन्हें बनाए रखा है। यही ग्रंथ का सबसे बड़ा लाभ है। वह ग्रंथ ही सभी बातों को एक निश्चित रूप देकर और अन्य सब प्रतिमाओं की अपेक्षा आसानी से उपयोग में लाया जा सकता है। ग्रंथ को वेदी पर रख दीजिए। सभी उसके दर्शन करते हैं। अच्छी

पुस्तक को सभी लोग पढ़ते हैं। पर मुझे इस बात का भय है कि मैं कहीं पक्षपाती न समझा जाऊँ। मेरे मत में तो पुस्तकों से लाभ की अपेक्षा हानि ही अधिक हुई है। ये पुस्तकें ही कई भ्रमात्मक सिद्धांतों के लिए उत्तरदायी हैं। भिन्न-भिन्न मत पुस्तकों से ही निकलते हैं और पुस्तकों पर ही दुनिया के धार्मिक अत्याचारों और कट्टरता की जिम्मेदारी है। आधुनिक काल में पुस्तकें ही सर्वत्र मिथ्यावादीयों ही बना रहे है। प्रत्येक देश में असत्यवादियों की जो संख्या फैली हुई है, उसे देखकर तो मैं अवाक् हो जाता हूँ।

दूसरा विचारणीय विषय है 'प्रतिमा' या मूर्तियों का उपयोग। संसार में सर्वत्र एक-न-एक रूप में मूर्तियाँ आपको मिलेंगी ही। कहीं कहीं उस मूर्ति का आकार मनुष्य का है और यही सबसे उत्कृष्ट आधार है। यदि मैं किसी मूर्ति की पूजा करना चाहूँ तो मैं पशु, इमारत या अन्य किसी आकृति की अपेक्षा मनुष्य की ही आकृति को अधिक पसन्द करूँगा। एक संप्रदाय समझता है कि अमुक रूप में ही मूर्ति ठीक तरह की है, तो दूसरा समझता है, नहीं, वह बुरी है या ठीक नही है। क्रिस्चन लोग समझते हैं कि जब ईश्वर कबूतर के रूप में आया, तब तो ठीक था; पर यदि वह गाय के रूप में आता है, जैसा कि हिंदू लोग मानते हैं, तो वह बिलकुल गलत और मिथ्या विश्वास है। यहूदी समझते हैं कि यदि मूर्ति संदूक के आकार की हो, जिसके किनारों पर दो देवदूत बैठे हों और उसमें एक पुस्तक हो, तब तो वह ठीक है, पर यदि वही मूर्ति पुरुष या स्त्री के आकार की हो, तो उससे बड़ी हानि है! मुसलमान समझते हैं कि नमाज के समय यदि "काबा का काला पत्थर" मंदिर की एक आकृति अपने मन में लाने का प्रयत्न करें और पश्चिम की ओर अपना मुँह कर लें, तो बिलकुल दुरुस्त है, पर यदि चर्च के आकार की मूर्ति बनी हो, तो वह बुतपरस्ती (Idolatry) है। यह है मूर्तिपूजा का दोष। तथापि ये सभी आवश्यक सीढ़ियाँ मालूम होती हैं। पर पुस्तकों में हमारा अंधविश्वास जितना ही कम हो, उतना ही हमारे लिए श्रेयस्कर है। हमने स्वयं क्या अनुभव किया, यही सवाल है। ईसा, बुद्ध या मूसा

ने जो किया, उससे हमें कोई मतलब नहीं, जब तक कि हम भी अपने लिए वही अनुभव न प्राप्त कर लें। यदि हम एक कमरे में बंद हो जाएँ और मूसा ने जो खाया, उसका विचार करें तो उससे हमारी क्षुधा शांत नहीं हो सकती। उसी प्रकार मूसा के जो विचार थे, उन्हीं को सोचने से हमारी मुक्ति नहीं हो सकती। इन बातों में मेरे विचार बिलकुल मौलिक (स्वतंत्र) हैं। कभी-कभी तो मैं यह सोचता हूँ कि मेरे विचार ठीक हैं, क्योंकि मेरे विचार प्राचीन आचार्यों के विचारों से मिलते-जुलते हैं, पर दूसरे समय मैं यह समझता हूँ कि उन लोगों के विचार ठीक हैं, कारण कि वे मुझसे सहमत होते हैं। स्वतंत्रतापूर्वक विचार करने में मेरा विश्वास है। इन धार्मिक आचार्यों से बिलकुल स्वतंत्र रहकर विचार करो। उनका सब प्रकार आदर करो, पर धर्म की खोज स्वतंत्र होकर ही करो। मुझे अपने लिए प्रकाश अपने आप ढूँढ निकालना होगा, जैसा कि उन्होंने अपने लिए खोज निकाला था। उन्हें जिस प्रकाश की प्राप्ति हुई, उससे हमारा संतोष कदापि न होगा। तुम्हें स्वयं बाइबिल "बनना पड़ेगा", न की उसका अनुसरण करना। हाँ, केवल रास्ते के दीपक के समान, राह-प्रदर्शक तख्ती या निशान के समान उसका आदर करना होगा। पुस्तक की सारी उपयोगिता इतनी ही है। पर ये मूर्तियाँ तथा अन्य वस्तुएँ बहुत आवश्यक हैं। अपने मन को एकाग्र करने के प्रयत्न में या किसी विचार पर मन को दृढ़ रखने के लिए भी तुम देखोगे कि अपने मन में मूर्ति या आकृति बनाने की आवश्यकता स्वाभाविक रीति से होती है। उसके बिना काम चल नहीं सकता। दो प्रकार के मनुष्यों को किसी मूर्ति की आवश्यकता कभी नहीं होती एक तो मानव रूपधारी पशु, जो कभी धर्म का विचार ही नहीं करता, और दूसरा पूर्णत्व को प्राप्त हुआ व्यक्ति, जो इन सब सीढ़ियों को पार कर गया होता है। इन दोनों छोरों के बीच में ही सब को किसी-न-किसी बाहरी या भीतरी आदर्श की आवश्यकता होती है। यह आदर्श चाहे किसी स्वर्गीय मनुष्य के रूप का हो अथवा जीवित पुरुष या स्त्री के रूप का। यह व्यक्तित्व और शरीरों की पूजा है तथा बिलकुल स्वाभाविक है। हमारी प्रवृत्ति ही स्थूल रूप

देने की है। यदि हम स्थूल रूप देने वाले न होते, तो यहाँ रहते ही कैसे? हम स्थूल रूपधारी आत्मा हैं और इसी कारण हम आज अपने को यहाँ इस पृथ्वी पर पाते हैं। स्थूल रूप ही हमें यहाँ लाया और वही हमें यहाँ से बाहर निकालेगा। 'विषस्य विषमौषधम्', 'कण्टकेनैव कण्टकम्'। इंद्रिय विषयक पदार्थों की ओर झुकने के कारण हमारा मनुष्य रूप हुआ है, और हम कहने के लिए चाहे जो भी इसके विरुद्ध कहें, पर हम मानवरूप व्यक्तियों की पूजा या उपासना करने के लिए बाध्य हैं। 'व्यक्ति की उपासना मत करो' यह कहना तो बहुत आसान है, पर साधारणत: जो मनुष्य ऐसा कहता है, वही मनुष्य अत्यधिक व्यक्तित्व की उपासना करने वाला देखा जाता है। खास 2 पुरुषों और स्त्रियों के प्रति उसकी अत्यधिक आसक्ति रहा करती है। उन लोगों की मृत्यु के पश्चात् भी वह आसक्ति नहीं छूटती और मृत्यु के उपरांत भी वह उनका अनुसरण करना चाहता है। यह मूर्तिपूजा है, यही मूर्तिपूजा का आदि-कारण अथवा बीज है। और कारण का अस्तित्व रहते हुए वह किसी-न-किसी रूप में अवश्य प्रकट होगा। क्या किसी साधारण पुरुष या स्त्री के प्रति आसक्ति रखने की अपेक्षा क्राइस्ट या बुद्ध की मूर्ति के प्रति व्यक्तिगत आसक्ति रखना कहीं अधिक श्रेष्ठ नहीं है? पाश्चात्य लोग कहते हैं, "क्राइस्ट की मूर्ति के सामने घुटने टेकना बुरी बात है", पर वे लोग किसी स्त्री के सामने घुटने टेककर "तुम्हीं मेरे प्राण हो, मेरे जीवन की ज्योति हो, मेरी आँखों का प्रकाश हो, मेरी आत्मा हो" आदि-आदि कहने में दोष नहीं मानते। यह तो मूर्तिपूजा से भी गई– बीती बात है। उस स्त्री को 'मेरी आत्मा', 'मेरे प्राण' कहना–यह है क्या बात? चार दिनों के बाद यह सब भाव काफूर हो जाते हैं। यह केवल इंद्रियों की आसक्ति है, फूलों के ढेर से ढका हुआ यह स्वार्थ का प्रेम है, या उससे भी गया-बीता है। कवि लोग इसका सुंदर नामकरण कर देते हैं और उस पर गुलाब-जल छिड़क देते हैं, पर है असल में वह वही घृणित प्रेम। क्या इसकी अपेक्षा बुद्ध की प्रतिमा या जिनेंद्र की मूर्ति के सामने घुटने टेककर ऐसे कहना कि "तुम्हीं मेरा प्राण हो," श्रेष्ठ नहीं है? मैं उसके

बदले इसको सौ बार कहूँ।

एक प्रकार का प्रतीक और है, जिसे पाश्चात्य देशों में नहीं मानते, पर जिसकी शिक्षा हमारे ग्रंथों में है। वह है मन को ईश्वर मानकर पूजा करना। किसी भी वस्तु को ईश्वर मानकर पूजा करना एक सीढ़ी ही है। उससे परमेश्वर की ओर मानो एक कदम बढ़ने, उसके कुछ अधिक समीप जाने के समान है। यदि कोई मनुष्य अरुंधती तारे को सप्तर्षि के समीप एक अति छोटे तारे को देखना चाहता है, तो उसे उसके समीप का एक बड़ा तारा पहले दिखाया जाता है, और जब उसकी दृष्टि बड़े तारे पर जम जाती है, तब उसको उसके बाद उससे बड़ा तारा दिखाते हैं। ऐसा करते-करते क्रमश: उसको 'अरुंधती' तक ले जाते हैं। उसी तरह ये भिन्न-भिन्न प्रतीक और प्रतिमाएँ ईश्वर तक पहुँचा देती हैं। बुद्ध और ईसा की उपासना प्रतीक-पूजा है। इससे हम ईश्वर की उपासना के समीप पहुँचते हैं। पर बुद्ध की पूजा या ईसा की उपासना से मनुष्य का उद्धार नहीं हो सकता। उसे तो इसके और आगे, जिस ईश्वर ने बुद्ध और ईसा के रूप में अपने को प्रकट किया; उस ईश्वर तक जाना चाहिए क्योंकि अकेला ईश्वर ही हमें मुक्ति दे सकता है। कुछ तत्त्ववेत्ता ऐसा कहते हैं कि इनको ही ईश्वर मानना चाहिए ये प्रतीक नहीं, स्वयं भगवान् हैं, स्वयं ईश्वर हैं। तथापि हमें इनसे चिढ़ने का कोई कारण नहीं है। हम तो इन सब भिन्न-भिन्न प्रतीकों को मुक्ति-मार्ग के भिन्न-भिन्न सोपान या भिन्न-भिन्न सीढ़ियाँ मान सकते हैं। पर इन प्रतीकों की उपासना करने में यदि हम यह समझें कि हम ईश्वर की उपासना कर रहे हैं, तो यह हमारी भूल है। यदि मनुष्य ऐसा समझता है कि ईसा की उपासना करने से ही अपना उद्धार हो जाएगा, तो यह उसकी निरी भूल है। यदि कोई मनुष्य किसी मूर्ति, भूतों या मृत-पुरुषों की आत्माओं की पूजा करता है और ऐसा मानता है कि उसी से उसका उद्धार होगा, तो वह सर्वदा भ्रम में है। पर तुम पूजा तो किसी भी वस्तु की कर सकते हो—पर हाँ, उसमें ईश्वर को देखते हुए। मूर्ति को भूल जाओ और उसमें ईश्वर के दर्शन करो। तुम किसी वस्तु का

आरोपण ईश्वर पर मत करो अर्थात् किसी वस्तु को ईश्वर मत मान बैठो, पर तुम चाहे जिस वस्तु के भीतर ईश्वर का आरोपण (प्रवेश) कर सकते हो इसका अर्थ यह है कि जिस आकृति की तुम पूजा करते हो, उसी के भीतर ईश्वर को सीमाबद्ध मत कर रखो, पर उस आकृति को तथा अन्य जिस किसी भी आकृति की तुम पूजा करना चाहो, उसे भी ईश्वर से भर दो अर्थात् ईश्वर को पूर्ण जानो। इस तरह तुम एक बिल्ली में भी ईश्वर की पूजा कर सकते हो। बिल्ली को भूल जाओ और उसमें ईश्वर को विराजमान कर लो, तो तुम्हारा यह कार्य बिलकुल ठीक होगा; क्योंकि "उसी ईश्वर से सभी वस्तुओं की उत्पत्ति है" वह ईश्वर सभी वस्तुओं में है। हम एक चित्र की पूजा ईश्वर की तरह कर सकते हैं, पर ईश्वर को वह चित्र मानकर नहीं। चित्र में ईश्वर की भावना करना ठीक है। पर चित्र को ईश्वर समझना भूल है। बिल्ली के भीतर ईश्वर का अनुभव करना बिलकुल ठीक है। उसमें कोई आपत्ति नहीं। यह तो ईश्वर की यथार्थ पूजा है, परंतु बिल्ली-रूपी ईश्वर तो प्रतीक मात्र है।

तत्पश्चात् भक्ति में बड़ी महत्त्वपूर्ण बात है 'शब्द'–नामशक्ति या नाम का प्रभाव। सारा विश्व नाम और रूप से बना है। या तो नाम और रूप का संयोग है, अथवा केवल नाम ही है और रूप मानसिक कल्पना है। अत: अंततोगत्वा नाम और रूप के अतिरिक्त कुछ भी नहीं है। हम सबका यही विश्वास है कि ईश्वर का न तो नाम है, न रूप, पर ज्यों ही हम उसके (ईश्वर के) विषय में सोचते हैं, त्यों ही उसे नाम और रूप दोनों दे देते हैं। 'चित्त' एक शांत जलाशय के समान है और विचार उस 'चित्त' पर तरंग के सदृश है। नाम और रूप इन तरंगों के उठने के सामान्य तरीके हैं। नाम और रूप के बिना कोई तरंग उठ नहीं सकती। नित्य एक ही रूप या एकरसता का चिंतन नहीं किया जा सकता। वह चिंतन के परे है। ज्यों ही वह विचार और विचार्य वस्तु बन जाती है, त्योंही उसका नाम और रूप होना ही चाहिए। हम इनको अलग नहीं कर सकते। कई पुस्तकों में लिखा है कि ईश्वर ने शब्द से इस

सृष्टि की रचना की है। संस्कृत के 'शब्द-ब्रह्म' में वही भाव है, जो शब्द के संबंध में ईसाई मत का सिद्धांत है। इस पुरातन भारतीय सिद्धांत को भारतीय उपदेशक एलेकजैड्रिया ले गए और वहाँ इस सिद्धांत की जड़ जमाई। इस तरह वहाँ 'शब्द' की और उसके साथ 'अवतार' की कल्पना प्रतिष्ठित हुई। ईश्वर ने समस्त वस्तुओं की रचना शब्द से की, इस भावना में गूढ़ अर्थ है। स्वयं ईश्वर निराकार है, अत: रूपों के यानी सृष्टि के विस्तार के वर्णन करने का यह सुंदर तरीका है। 'रचना' या 'उत्पन्न करना' के लिए संस्कृत शब्द है 'सृष्टि', जिसका अर्थ है विस्तार। "ईश्वर ने 'कुछ नहीं' या 'शून्य' से सब चीजों को बनाया"-यह उक्ति कितनी निरर्थक है! विश्व या संसार का विस्तार ईश्वर से हुआ है। ईश्वर ही विश्व या संसार बन जाता है और उसी में यह संसार पुन: वापस समा जाता है और फिर से वहीं से बाहर निकलता है और पुन: उसी में विलीन हो जाता है। सदैव यही क्रम चला करेगा। हम देखते हैं कि मन में किसी वस्तु का विचार (या प्रादुर्भाव) बिना नाम और रूप के नहीं हो सकता। कल्पना करो कि तुम्हारा मन बिलकुल शान्त है, उसमें कोई विचार या भावना नहीं है; तथापि कोई विचार मन में उठते ही तुरंत वह नाम और रूप धारण कर लेगा। प्रत्येक विचार का कोई-न-कोई नाम और एक-न-एक रूप हुआ ही करता है। इस तरह सृष्टि या विस्तार वस्तु ही ऐसी है कि उसका नाम और रूप से नित्य संबंध है। इससे हम यह देखते हैं कि मनुष्य जो भी विचार करता है या कर सकता है, उसका संबंध किसी शब्द से उसके अंगभूत की तरह होना चाहिए। ऐसा होते हुए जैसे तुम्हारा शरीर तुम्हारे मानसिक विचार का परिणाम या विकास है, मानो तुम्हारा विचार ही स्थूल रूप धारण करके बाहर आ गया है, ठीक उसी तरह इस संसार को भी मन से उत्पन्न हुआ या मन का ही विकास मानना बिलकुल स्वाभाविक है। और यह सत्य है कि संसार एक ही पैमाने पर बनाया गया है, तो यदि तुम एक परमाणु की रचना कैसे हुई है यह जान लो, तो सारे विश्व की रचना कैसे हुई, यह भी समझ सकोगे। यदि यह सत्य है कि स्वयं हमारे

शरीर में बाहरी शरीर से तो स्थूल रूप बना है और अंतर में विचार से उसके भीतर का सूक्ष्मतर अंश बना है तथा दोनों का शाश्वत अटूट अविच्छेद्य संबंध है, तो जिस समय तुम्हारे शरीर का अंत हो जाएगा, उस समय तुम्हारे विचार का भी अंत हो जाएगा। यह तो तुम प्रतिदिन देख सकते हो। उदाहरणार्थ, जब किसी मनुष्य के दिमाग में गड़बड़ी हो जाती है, तो उसके विचारों में भी गड़बड़ी मच जाती है, क्योंकि दोनों यथार्थ में एक ही स्थूल और अंश सूक्ष्म है। जड़ पदार्थ और मन दो-भिन्न वस्तुएँ हैं ही नहीं। जैसे वायु के उच्च विस्तार में उसी वायु-तत्त्व का ही घना (स्थूल) और पतला (सूक्ष्म) रहना पाया जाता जैसे-जैसे हम ऊपर जाते हैं, वैसे-वैसे वायु का परिमाण पतला याने सूक्ष्त और सूक्ष्मतर होता जाता है। उसी तरह शरीर को भी जानिए। यहाँ से वहाँ तक संपूर्ण एक ही वस्तु है। केवल एक तह या परत पर दूसरी तह या परत स्थूलतर से सूक्ष्मतर होती गई है। पुनः यह शरीर उँगली के नखों के समान है। जैसे हम अपने नखों को काटते हैं और पुनः वे नख बढ़ जाते हैं, उसी तरह हमारे सूक्ष्म विचारों से ही एक के बाद एक शरीर उत्पन्न हुआ करता है। जो वस्तु जितनी अधिक सूक्ष्म होती है, वह उतनी ही अधिक स्थायी होती है। यह हम सदा देखते हैं। उसी प्रकार वह जितना ही स्थूलतर होती है, उतना ही कम स्थायी होती है। इस तरह हम देखते हैं कि उसी एक प्रकट होने वाली शक्ति जिसे 'भाव' या 'विचार' की स्थूल अवस्था 'रूप' है और नाम उसकी सूक्ष्म अवस्था है। पर ये तीनों एक हैं। वह 'एक' भी है और 'त्रिपुटी' भी। वे उसी एक वस्तु के अस्तित्व की तीन अवस्थाएँ हैं। सूक्ष्मतर, घनीभूत और अत्यंत घनीभूत। जहाँ एक रहता है, वही शेष दोनों भी होते हैं। जहाँ नाम है, वहाँ रूप और भाव भी है। यदि सृष्टि और शरीर एक ही नियम से बने हैं, तो यही सिद्ध होता है कि सृष्टि में भी ये तीनों अवस्थाएँ या भेद-रूप, नाम और भाव होने चाहिए। भाव तो सृष्टि का सूक्ष्मतम अंश है, यथार्थ प्रेरक-शक्ति जो ईश्वर कहलाता है। वह है हमारे शरीर के पीछे जो भाव है, वह "आत्मा" कहलाता है और सृष्टि के पीछे जो

भाव है, वह "ईश्वर।" तदुपरांत आता है नाम। और सबसे अंत में रूप जिसे हम देखते और स्पर्श करते हैं। उदाहरणार्थ, तुम एक अमुक मनुष्य हो, इस विश्व सृष्टि में की एक छोटी सृष्टि-शरीर हो जिसका एक प्रकार का आकार है और उसके पीछे एक नाम जैसे श्रीमान 'क' या श्रीमती 'ग' और उसके पीछे एक "विचार" या "भाव" हो। उसी तरह का यह समस्त विश्व-सृष्टि है। जो उससे अनंत-गुना बड़ी है। उसके भी 'नाम' है, जिस नाम से ही इस समस्त बाहरी संसार का विकास या विस्तार हुआ है। वह नाम है 'शब्द' और उसके पीछे है 'ईश्वर', सामुदायिक सर्वव्यापी भाव, जो सांख्यमतानुसार 'महत्' या सर्वव्यापी चिच्छक्ति अथवा ज्ञान कहलाता है। वह नाम क्या है? वह कौन सा नाम है? उसका कोई नाम तो होना ही चाहिए। सारा संसार समप्रकृतिक है। आधुनिक विज्ञान यह निश्चयपूर्वक सिद्ध करता है कि प्रत्येक परमाणु उसी तत्त्व से बना है, जिससे कि समग्र विश्व। यदि हम मिट्टी के एक ढेले को जान गए, तो संपूर्ण विश्व या ब्रह्मांड को जान गए। यदि मैं इस मेज को पूरा-पूरा हर एक पहलू से जान गया, तो मैंने समस्त ब्रह्मांड को जान लिया। मनुष्य इस ब्रह्मांड का प्रतिनिधि-रूप या प्रतिबिंब-रूप है। मनुष्य स्वयं ही ब्रह्मांड का एक छोटा स्वरूप है। मनुष्य में हम देखते हैं कि रूप है, उसके पीछे नाम है और उसके पीछे भाव अर्थात् मननकारी व्यक्ति है। अतः ब्रह्मांड भी ठीक इसी ढाँचे पर होना चाहिए। प्रश्न यह है कि वह नाम कौन-सा है? हिंदू-मत के अनुसार वह नाम या शब्द 'ॐ' है। प्राचीन मिस्रवासी भी यही मानते थे। "जिसे प्राप्त करने के लिए मनुष्य ब्रह्मचर्य साधता है, "वह" क्या है, वह मैं तुमको संक्षेप में बताता हूँ– वह है 'ॐ'। यही स्वयं ब्रह्म है, यही "पुराण पुरुष" है और जो इस 'ॐ' के रहस्य को जान लेता है, वह मनोवांछित वस्तु पाता है।

यह 'ॐ' ही संपूर्ण ब्रह्मांड या ईश्वर का नाम है। यह 'ॐ' ही बाह्य सृष्टि और ईश्वर दोनों का सूचक है। पर अब हम सृष्टि को उसके अंश के रूप से भी ले सकते हैं, जिस तरह कि भिन्न-भिन्न

इंद्रियाँ उसका अनुभव करती हैं, अर्थात् स्पर्श, रूप, रस और अन्य रीतियों से भी विचार करेंगे। प्रत्येक दशा में हम इस जगत् को भिन्न-भिन्न दृष्टि से करोड़ों सृष्टि में विभक्त कर सकते हैं और उनमें से प्रत्येक अपने में संपूर्ण सृष्टि होगा, प्रत्येक का एक नाम होगा, एक रूप होगा तथा उसके पीछे एक भाव रहेगा। हर-एक के पीछे रहने वाले ये ही भाव भिन्न-भिन्न प्रतीक हैं। उनमें से प्रत्येक का नाम है। इन बहुविध पवित्र नामों या शब्दों का व्यवहार भक्तियोग में होता है। इन नामों में प्राय: अपरिमित शक्ति रहती है। इनके नामों के जपने से ही हमें मनोवांछित फल की प्राप्ति हो सकती है, हम पूर्ण सिद्धि प्राप्त कर सकते हैं। पर दो बातों की आवश्यकता है। कठोपनिषद् का वाक्य है "आश्चर्यो वक्ता कुशलोऽस्य लब्धा" (अलौकिक गुरु और वैसा ही शिष्य हो।) यह नाम ऐसे व्यक्ति से मिलना चाहिए, जिसने यथार्थ उत्तराधिकार अर्थात् परम्परा से उसे प्राप्त किया हो। आध्यात्मिक शक्ति का स्रोत अत्यंत पुरातन काल से उस शक्ति के साथ गुरु-शिष्य परम्परा में से बहता आया है। जिसके पास से इस शब्द की प्राप्ति होती है, वह 'गुरु' और जिसको यह शब्द दिया जाता है, वह 'शिष्य' कहलाता है। नियमित रूप से जब शब्द की प्राप्ति हो चुकी, और जहाँ उस शब्द या नाम का बारम्बार जाप भी हो चुका, तब समझ लो कि भक्तियोग में बहुत प्रगति की जा चुकी। उस नाम के जप से ही भक्ति की उच्चतम अवस्था भी प्राप्त हो जाएगी। "तेरे" अनंत नाम हैं। उसके क्या अर्थ हैं, सो 'तू' ही समझता है; ये सब नाम "तेरे ही हैं और इनमें से प्रत्येक में" तेरी अनंत शक्ति है। इन नामों के जप के लिए न कोई विशेष काल चाहिए, न कोई विशेष स्थान। सभी काल और सभी स्थान पवित्र हैं। 'तू' इतना सुलभ है, 'तू' इतना दयालु है। मैं कितना अभागा हूँ कि 'तेरे' प्रति मुझमें प्रेम नहीं है।

6. इष्ट

गत अध्याय में इष्ट के संबंध में कहा गया है। उस इष्ट के सिद्धांत को आप लोग ध्यान देकर सुनेंगे, क्योंकि इसे ठीक-ठीक समझ लेने पर हम दुनिया के सभी भिन्न-भिन्न धर्मों को समझ सकते हैं। इष्ट शब्द इष् धातु से बना है। इष् का अर्थ है अच्छा करना, पसंद करना चुनना। सभी धर्मों, सभी संप्रदायों का आदर्श तथा मानवजाति का आदर्श एक ही-मुक्तिलाभ और दुःखों की निवृत्ति ही है। जहाँ कहीं धर्म देखोगे, वहाँ यही पाओगे कि इसी आदर्श को एक-न-एक रूप में लेकर कार्य हो रहा है। यद्यपि धर्म की निचली श्रेणियों में यह आदर्श उतने स्पष्ट रूप से प्रकाशित नहीं होता, पर स्पष्ट हो अथवा अस्पष्ट, यही एक ध्येय है, जिसकी ओर हम में से हर कोई अग्रसर हो रहे हैं। हम दुःखों से, प्रतिदिन की आपत्ति इत्यादि से छूटना चाहते हैं और मुक्ति पाने के लिए-भौतिक, मानसिक और आध्यात्मिक मुक्ति लाभ के लिए छटपटा रहे हैं। संसार इसी सब भावना को लेकर काम कर रहा है। उद्देश्य एक ही होते हुए वहाँ तक पहुँचने के मार्ग चाहे भले ही भिन्न-भिन्न हो। ये मार्ग हमारी प्रकृति की विशेषताओं के अनुसार निश्चित किए जाते हैं। एक मनुष्य की प्रकृति भावुक होती है, दूसरे की बुद्धिमयी तथा तीसरे की प्रकृति में कर्मशीलता होती है, इत्यादि-इत्यादि। पुनः, उसी प्रकृति में और भी अनेक प्रभेद हो सकते हैं। उदाहरणार्थ, प्रेम को लीजिए, जिसका भक्ति के साथ विशेष संबंध है। एक मनुष्य की प्रकृति में बच्चे के लिए अधिक प्रेम हो सकता है, दूसरे की प्रकृति में पत्नी के लिए, किसी में माता, किसी में पिता तथा किसी में मित्रों के लिए। इसी

प्रकार, किसी में अपने देश के लिए प्रेम रहता है और कुछ इने-गिने लोगों का प्रेम विशाल जन समुदाय या मानवता के प्रति हुआ करता है। पर ऐसे लोगों की संख्या बहुत ही कम होती है, यद्यपि हर एक व्यक्ति इस प्रेम की बात तो जरूर ही करता है, मानो वही उसके जीवन की मार्गदर्शक और प्रेरक-शक्ति हो। इस प्रकार के प्रेम का अनुभव कुछ संतों ने किया है। सार्वजनिक या मानव-समाज में कुछ महान् आत्माओं को ही इस सर्वदर्शी प्रेम का अनुभव हुआ करता है और हम आशा करते हैं कि यह संसार ऐसे महात्माओं से कभी भी शून्य न हो। हम देखते हैं कि एक साधन में साध्य की प्राप्ति के इतने भिन्न-भिन्न मार्ग हैं। सभी क्रिस्चन ईसा मसीह में विश्वास करते हैं, पर सोचो तो सही, उनके बारे में कितने भिन्न-भिन्न विचार इन लोगों के होते हैं। हर एक चर्च या ईसाई संप्रदाय ईसामसीह को भिन्न-भिन्न रूप में देखता है, भिन्न-भिन्न दृष्टिकोण से देखता है। 'प्रिस विटेरियन' की आँखों में ईसा के जीवन का वह दृश्य महत्त्व का जँचता है, जब वे सिक्का बदलने वालो के पास गए। उनकी आँखों में ईसा योद्धा ही जंचते हैं। यदि तुम 'क्वेकर' से पूछो, तो वह शायद यही कहेगा कि 'उन्होंने अपने शत्रुओं को क्षमा प्रदान की।' क्वेकर का यही मत है। इसी तरह और भी जानो। यदि रोमन कैथलिक से पूछोगे कि तुम्हें ईसा मसीह की जीवनी का कौन सा अंश विशेष प्रिय है, तो शायद वह यही कहेगा, जब 'उन्होंने कुंजीयाँ पीटर को दे दीं।' प्रत्येक संप्रदाय उन्हें अपने ही तरीके से देखने के लिए बाध्य है। इससे यह सिद्ध होता है कि इतने बहुत से भेद-प्रभेद एक ही मार्ग में होंगे। अज्ञानी लोग इनमें से किसी एक प्रभेद को ले लेते हैं और उसी को अपना आधार बना लेते हैं। और वे विश्व का अर्थ अपनी दृष्टि के अनुसार करके दूसरों के अर्थ का केवल निषेध ही नहीं करते, वरन् यह कहने तक का भी साहस करते हैं कि दूसरों का मार्ग बिलकुल गलत है तथा केवल उन्हीं का मार्ग सत्य है। यदि उनका विरोध किया जाता है, तो वे लड़ने लगते हैं। वे कहते हैं कि जिस मनुष्य का धार्मिक विश्वास उन्हीं की तरह का नहीं है, उसे वे कत्ल

कर डालेंगे; जैसे कि धर्मांधों ने भूतकाल में किया है और भिन्न-भिन्न देशों में आज भी कर रहे हैं। ये लोग अपने को ही प्रामाणिक मानते हैं और शेष दूसरों को कुछ नहीं समझते। पर इस भक्तियोग में हम किस भाव या भूमिका का आश्रय लेना चाहते हैं? दूसरों से केवल इतना कहने से काम न बनेगा कि तुम्हारा मार्ग गलत नहीं है, बल्कि हमें उनसे यह कहना होगा कि तुम जिस मार्ग का अनुसरण कर रहे हो, वह ठीक है। तुम्हारी प्रकृति के अनुसार जो मार्ग तुम्हारे लिए अनिवार्य हो, वही तुम्हारे लिए यथार्थ मार्ग है। अपने पूर्वजन्म के फलस्वरूप प्रकृति में विशेषता लेकर हर-एक मनुष्य पैदा होता है। चाहे उसे आप उसके पूर्वजन्म के कर्मों का फल कहिए अथवा पूर्वजों से प्राप्त संस्कार। आप उसकी व्याख्या चाहे जैसी कीजिए, पर हम हैं तो अतीत अवस्था के ही परिणाम। यदि कुछ भी सत्य है, तो इतनी बात तो बिलकुल सत्य है, चाहे वह अतीत अवस्था हमारे पास किसी भी मार्ग से आयी हो। इसका स्वाभाविक परिणाम यह है कि हममें से हर-एक की वर्तमान दशा अपने भूतकालीन कारण का ही कार्य है। वर्तमान अतीत का ही फल है। इसी कारण हममें से प्रत्येक की विशेष गति, एक विशेष प्रवृत्ति होती है और इसीलिए प्रत्येक को अपना मार्ग स्वयं निर्धारित करना होगा। यह मार्ग, यह तरीका, जो प्रत्येक की प्रवृत्ति के अनुकूल है, हमारा 'इष्ट मार्ग' कहलाता है। यही 'इष्ट' का तत्त्व है, और जो मार्ग हमारा है, उसे हम अपना इष्ट कहते हैं। उदाहरणार्थ, किसी मनुष्य की ईश्वर के प्रति यह धारणा है कि वह (ईश्वर) विश्व का सर्वशक्तिमान् शासक है। संभवत: उस मनुष्य की प्रकृति इसी प्रकार की है, वह एक अहंकारी मनुष्य है और सब पर शासन करना चाहता है। अत: वह स्वभावत: ईश्वर को सर्वशक्ति-सम्पन्न शासक मानता है। दूसरा मनुष्य, जो शायद स्कूलमास्टर है और कठोर स्वभाव का है, ईश्वर को न्यायी या दंड देने वाला ईश्वर मानता है। वह अन्य भावना नहीं कर सकता। हर एक व्यक्ति अपनी-अपनी प्रकृति के अनुसार ईश्वर का रूप मानता है। और यही अपनी-अपनी प्रकृति के अनुसार निर्माण किया हआ यह

रूप ही हमारा इष्ट होता है। हम अपने को ऐसी अवस्था में ले आए हैं, जहाँ हम ईश्वर का केवल वह रूप और केवल वही रहस्य देखते हैं; हम उसका अन्य कोई रूप देख नहीं सकते। आप कभी-कभी शायद किसी मनुष्य को उपदेश देते हुए सुनकर यह सोचेंगे कि यही उपदेश सर्वश्रेष्ठ है और आपके बिलकुल अनुकूल है। दूसरे ही दिन आप अपने एक मित्र को उसके पास जाकर उसका उपदेश सुन आने को कहिए हैं, और वह यही विचार लेकर लौटता है कि आज तक उसने जितने उपदेश सुने, उनमें वह सबसे निकृष्ट है। उसका ऐसा कहना गलत नहीं है और उसके साथ झगड़ा करना निरर्थक है। उपदेश तो ठीक था, पर उस मनुष्य के उपयुक्त नहीं था। और भी व्यापक रूप में कहें-हमें यह समझ लेना चाहिए कि सत्य तो सत्य हो सकता है और साथ ही साथ मिथ्या भी। इसमें विरोधाभास तो है, पर याद रहे कि निरपेक्ष सत्य तो एक ही है, किंतु सापेक्ष सत्य अनेक होने चाहिए। उदाहरणार्थ, इस विश्व के संबंध में ही अपनी भावना को लीजिए। यह विश्व एक निरपेक्ष अखंड वस्तु है, जिसमें परिवर्तन नहीं हो सकता और न हुआ है। वह सदा एकरस रहता है। पर आप, हम और हर कोई इस विश्व का अलग-अलग रूप सुनते और देखते हैं। सूर्य को लीजिए। सूर्य एक है, पर जब आप और हम और सौ अन्य मनुष्य भिन्न-भिन्न स्थानों में खड़े होकर सूर्य की ओर देखते हैं, तो हममें से प्रत्येक व्यक्ति सूर्य को अलग-अलग देखता है। स्थान का थोड़ा-सा ही अंतर सूर्य के दृश्य को मनुष्य के लिए भिन्न बना देता है। हवा में थोड़ा-सा हेर-फेर हो जाए, तो दृश्य में और भी भिन्नता आ जाएगी। इसी तरह सापेक्ष अनुभवों द्वारा सत्य सदा अनेक दिखाई देता है। पर निरपेक्ष सत्य तो एक ही है। अतः यदि दूसरों के धर्म का वर्णन हमारी ही भावना के अनुसार ठीक नही दिखता तो हमें उनसे लड़ने की कोई आवश्यकता नहीं। हमें स्मरण रखना चाहिए कि परस्पर विरूद्ध दिखते हुए भी हमारे और उनके दोनों के विचार सत्य हो। करोड़ों त्रिज्याएँ (radii) सूर्य के उसी एक केंद्र की ओर जाने वाली हो सकती हैं। दो त्रिज्याएँ केंद्र से जितनी दूरी पर होंगी

उन दोनों में उतना ही अधिक अन्तर होगा, परंतु जब वे केंद्र में जाकर एक साथ मिलेंगी, तब सारा भेद दूर हो जाएगा। ऐसा ही एक केंद्र है, जो मनुष्य मात्र का परम ध्येय है। ईश्वर ही ऐसा केन्द्र है। हम सब त्रिज्याएँ हैं। हमारी प्राकृतिक मर्यादाएँ, जिनमें द्वारा ही हम ईश्वर के स्वरूप को ग्रहण कर सकते हैं, इन त्रिज्याओं के बीच के अंतर हैं। इस भूमिका पर खड़े रहते हुए, उस परमतत्त्व के भिन्न-भिन्न दृश्य हम से प्रत्येक को दीख पड़ना अनिवार्य है। अत: ये सभी दृश्य सत्य हैं और हमको किसी से झगड़ा करने की आवश्यकता नहीं है। हमारे मतभेदों को सुलझाने के लिए उस केंद्र के निकट पहुँचना ही एकमात्र उपाय है। बहस या लड़ाई द्वारा यदि हम अपने मतभेदों को दूर करना चाहें, तो सैकड़ों वर्ष तक प्रयत्न करने पर भी हम किसी निर्णय पर न पहुँचेंगे। इतिहास इस बात का साक्षी है। सुलझाने का एक ही मार्ग है और वह है आगे बढ़ना तथा केंद्र की ओर जाना। और जितनी जल्दी हम ऐसा करेंगे, उतनी ही जल्दी हमारे मतभेद दूर हो जाएंगे।

इष्ट के इस सिद्धांत का अर्थ यह है कि हर किसी को अपना धर्म स्वयं चुन लेने की स्वतंत्रता है। कोई भी मनुष्य किसी दूसरे से जबरदस्ती अपने देवता की पूजा न करावे। सभी मनुष्यों को एक ही झुंड में शामिल करने की चेष्टा करना, सभी को भेड़िया-द्यसान की तरह हाँककर एक ही कोठरी में बंद करने का प्रयत्न, फौजी बल, जबरदस्ती या बहस द्वारा बलात हरएक से उसी एक देवता की पूजा कराने के प्रयत्न भूतकाल में निष्फल हुए हैं और भविष्य में भी निष्फल होंगे, क्योंकि प्रकृतियों की विभिन्नता के कारण ऐसा हो सकना या ऐसा कर सकना असंभव है। यही नहीं, वरन् इससे मनुष्यों के विनाश होने की संभावना है। प्राय: बिरला ही पुरुष या स्त्री ऐसी हो, जो किसी-न-किसी धर्म के पालन की खटपट में न लगी हो, पर संतोष कितनों को मिला है? याने कितने थोड़े संतुष्ट हुए हैं? थोड़े-ही लोगों को कुछ मिलता है। और ऐसा क्यों होता हैं? इसीलिए कि उनमें से बहुतेरे असंभव प्रयत्न देते हैं। वे इन मार्गों में दूसरों के आदेश से जबरदस्ती डाल दिए गए हैं।

उदाहरणार्थ, मेरे बचपन में ही मेरे पिता मेरे हाथ में एक छोटी-सी पुस्तक दे देते हैं और कहते हैं, ईश्वर इस प्रकार का है और यह ऐसा-ऐसा है। मेरे मन में इन बातों को भर देने का उनका क्या प्रयोजन? मेरा विकास किस तरह होगा, यह उन्हें कैसे मालूम? मेरी प्रकृति का विकास कहाँ तक हुआ है, यह उन्हें विदित नहीं है, तथापि वे अपने विचारों को मेरे दिमाग में घुसाना चाहते हैं। फल यह होता है कि मेरी उन्नति मेरे मन का विकास रुक जाता है। आप किसी पौधे को उसके लिए जो जमीन उपयुक्त नहीं है उसमें नहीं बढ़ा सकते। बालक अपने आप ही सीख लेता है। आप तो उसे उसके ही मार्ग में आगे बढ़ने के लिए सहायता दे सकते हैं। तुम उसके लिए जो कर सकते हो, वह साक्षात प्रकार का नहीं, वरन् अप्रत्क्ष प्रकार का यानि विघ्न निवारण रूप है। आप उसके मार्ग की कठिनाइयों को दूर कर सकते हो, पर ज्ञान तो उसके अपनी प्रकृति से ही उत्पन्न होता है। जमीन को कुछ पोली कर दो, जिसके अंकुर आसानी से फूट सकें। उसके चारों ओर एक घेरा बना दो, सावधानी रखो कि कोई उसे नष्ट न कर डाले, पाला या बरफ से उसका नाश न हो जाए। बस यहीं तुम्हारे कर्तव्य की इतिश्री हो जाती है। इससे अधिक और कुछ आप नहीं कर सकते। शेष सब तो उसकी प्रकृति के 'भीतर' से ही विकास होना है। यही बात बालक की शिक्षा के संबंध में भी है। बालक स्वयं सीख लेता है। आप मेरी बातें सुनने आए हैं। घर जाकर, आपने जो यहाँ सीखा है तथा यहाँ आने के पूर्व आपके मन में जो था, उन दोनों का मिलान कीजिए। तब आपको पता लगेगा कि यही बात तो आपने भी सोची थी; मैंने तो केवल उस बात को प्रकट कर दिखाया है। मैं आपको किसी बात की शिक्षा नहीं दे सकता। शिक्षा तो आप स्वयं ही अपने को देंगे। मैं तो शायद आपको अपने उस विचार के प्रकट करने में सहायता ही दे सकूँ। उसी प्रकार, धर्म में उससे भी अधिक, धर्म शिक्षा में मुझे अपना गुरु स्वयं ही बनाना चाहिए। मेरे सिर में तरह-तरह की निरर्थक बातें भर देने का मेरे पिता को क्या अधिकार है? मेरे सिर में ऐसी बातों को भर देने का मेरे

मालिक को ही क्या अधिकार है? इन बातों को मेरे दिमाग में ठूंस देने का अधिकार समाज को भी कैसे हो सकता है? संभव है ये विचार अच्छे हों, पर मेरा मार्ग उनसे भिन्न हो। करोड़ों निर्बोध बालकों की अंतरात्माओं की जो हत्या हमारे उपदेश के गलत तरीकों के कारण हो रही है तथा उनसे जो भयंकर अनिष्ट इस संसार में हो रहा है, उसका विचार तो कीजिए। कितनी ही ऐसी सुंदर चीजें जो आगे चलकर अद्‌भुत धार्मिक सत्यता का रूप धारण करतीं, उन्हें हमने वशपरंपरागत धर्म, सामाजिक धर्म, राष्ट्रीय धर्म इत्यादि की भयंकर भावनाओं द्वारा कलिका-रूप में ही विनाश कर दिया है! सोचिए तो सही, अभी भी आपके दिमाग में आपके बाल्यकाल के धर्म या अपने देश के धर्म के संबंध में कितनी मिथ्या कल्पनाएँ भरी हुई है और उनसे कितना अनिष्ट हो रहा है या हो सकता है। मनुष्य यह नहीं जानता कि उससे कितना अनिष्ट हो सकता है। और यह अच्छा ही है कि वह इसे नहीं जान सकता। अन्यथा, यदि वह इस बात को एक बार जान ले, तो वह आत्महत्या कर बैठेगा। प्रत्येक विचार या कार्य के पीछे कितनी प्रबल प्रसुप्त शक्ति है, उसे वह नहीं जानता। "जहाँ देवताओं को कदम रखने में डर लगता है, वहाँ मूर्ख लोग दौड़ पड़ते हैं"-यह उक्ति बहुत-ही सच है। इस बात पर प्रारंभ से ही ध्यान रखना चाहिए। और वह किस तरह? इष्ट में विश्वास के द्वारा।

आदर्श तो इतने बहुत-से हैं। मुझे कोई अधिकार नहीं कि आपका आदर्श क्या हो यह आपको बताऊँ, आपके गले जबरदस्ती कोई आदर्श मढ़ दूँ और आप अपनी प्रकृति के अनुसार जो आदर्श सबसे अधिक अनुकूल हो, उसे ही आप ग्रहण करें और उसी ओर अनवरत प्रयत्न करें। वही आपका 'इष्ट' है, वही आपका विशेष आदर्श है। इस तरह हम देखते हैं कि एक सामूहिक धर्म कभी नहीं हो सकता। धर्म का यथार्थ कार्य तो स्वयं अपने ही चिंतन का, अपने ही निश्चय करने का विषय है। मेरी अपनी एक भावना है। प्रथम मुझे उसको पवित्र और गुप्त रखना चाहिए, क्योंकि मैं जानता हूँ कि वही भावना आपकी भी

हो, यह जरूरी नहीं है। दूसरी बात यह है कि हर किसी को मैं अपनी भावना के संबंध में बताकर अशांति क्यों फैलाऊँ? दूसरे लोग आकर मुझसे लड़ेंगे। यदि मैं उन्हें अपने विचार न बताऊँ, तो वे मुझसे नहीं लड़ सकते। पर यदि मैं अपने विचार उन्हें बतलाता फिरूँ, तो वे अवश्य मेरा विरोध करेंगे। अतः अपने विचारों को बतलाने का क्या उपयोग? इष्ट को गुप्त ही रखना चाहिए, क्योंकि यह तो आपके और ईश्वर के बीच की बात है। धर्म के सिद्धांत संबंधी अंशों का उपदेश आम तौर से जनता में दिया जा सकता है और सामुदायिक भी बनाया जा सकता है, पर उच्चतर धर्म सार्वजनिक रीति से प्रकट नहीं किया जा सकता। पाँच मिनट की सूचना पाते ही मैं अपने धार्मिक भाव तैयार नहीं कर सकता। इस पाखंड और नकल का क्या परिणाम होता है? यह तो धर्म की हँसी उड़ाना है, घोर अधर्म है। फल वही होता है, जो आप आजकल के गिरजाघरों में देखते हैं। इस धार्मिक कवायत में मनुष्य कैसे टिक सकता है? यह तो फौजी छावनी के सिपाहियों का-सा कार्य हुआ। हाथ उठाओ, घुटने टेको, किताब लो, सब कुछ एक साथ हुक्म के मुताबिक हो। दो मिनट भक्ति, दो मिनट ज्ञान चर्चा, दो मिनट प्रार्थना-सब पूर्व निश्चित क्रम से हो। ये भयानक बातें हैं। शुरू से ही इन बातों से बचना चाहिए। धर्म के नाम से यह जो दिल्लगी हो रही है उसने असली धर्म को दूर भगा दिया है; और यदि इसी प्रकार कुछ शताब्दियों तक और चला, तो धर्म का पूरा लोप हो जाएगा। चर्चों में सिद्धांत, तत्त्वज्ञान इत्यादि का भले ही मनमाना उपदेश हुआ करे, पर जब धर्म के यथार्थ व्यावहारिक अंश के पालन का समय आए, तब तो वैसा ही करना चाहिए, जैसा ईसा मसीह ने कहा है, "जब तुम प्रार्थना करो, तब अपने कमरे के अंदर चले जाओ और दरवाजा बंद कर लो, तब अपने परम पिता परमात्मा से गुप्त में प्रार्थना करो।" अतः इस इष्ट के सिद्धांत का आप जैसे-जैसे विचार करेंगे, वैसे-वैसे पता लगेगा कि भिन्न-भिन्न प्रवृत्तियों की आवश्यकता के अनुसार धर्म को व्यावहारिक बनाने का, दूसरों के साथ झगड़े के मौकों को टालने का और धार्मिक जीवन में

यथार्थ व्यावहारिक प्रगति करने का यही एक मार्ग है। पर मैं आपको एक बात की चेतावनी देता हूँ कि मेरी बातों का कहीं अनर्थ मत कर बैठिए। मेरा कहना यह नहीं कि आप गुप्त-सभाएँ स्थापित कर लें। यदि शैतान कहीं हो सकता है, तो मैं उसकी तलाश किसी गुप्त-सभा के कमरे में ही करूँगा। शैतान इन गुप्त-सभाओं का विशेष आविष्कार है। गुप्त-सभाएँ स्थापित करना शैतान की कारवाई है। और यह इष्ट की भावना तो पवित्र है, गुप्त रखने की दूषित बात नहीं है।

आपको अपने इष्ट के विषय में दूसरों से क्यों नहीं बोलना चाहिए? कारण यही है कि वह आपकी निजी पवित्र वस्तु है। उससे दूसरों को सहायता शायद मिल जाए, पर यह आपको कैसे मालूम कि सहायता के बदले कहीं उन्हें उससे आघात नहीं होगा? संभव है कि कोई मनुष्य ऐसी प्रकृति का हो कि वह साकार ईश्वर की पूजा या उपासना नहीं कर सकता। वह केवल निराकार ईश्वर-अपनी निज उच्चतम आत्मा-की ही उपासना कर सकता है। मान लीजिए कि मैं उसे आप लोगों के बीच ले आया और वह आप लोगों को बताने लगा कि कोई साकार ईश्वर नहीं है, वरन् आप में और मुझमें जो आत्मा है, वही ईश्वर है। इसे सुनकर तो आपको आघात पहुँचेगा। उसके विचार तो परम पवित्र हैं, पर गुप्त नहीं हैं। ऐसा कोई बड़ा धर्म या आचार्य नहीं हुआ, जिसने ईश्वर-विषयक सत्यताओं का उपदेश देने के लिए गुप्त-सभाएँ स्थापित की हों। हिंदुस्तान में ऐसी कोई गुप्त-सभाएँ नहीं हैं। ये तो पाश्चात्यों की कल्पनाएँ हैं, जिन्हें वे हिंदुस्तान पर लादना चाहते हैं। हम तो ऐसी बातें कभी जानते तक न थे और हिंदुस्तान में गुप्त-सभाएँ हों भी किसलिए? यूरोप में तो मनुष्यों को धर्म चर्च के मत के अनुसार न ही ऐसे धर्म के विषय में एक शब्द तक उच्चारण करने की स्वतंत्रता नहीं थी, इस कारण इन बेचारों को पर्वत में जाकर छिपकर गुप्त-सभाएँ करने के सिवाय दूसरा चारा ही न था। ऐसा किए बिना वे लोग अपने-अपने मन के अनुसार उपासना ही नहीं कर सकते थे। पर हिंदुस्तान में ऐसा जमाना कभी न था जब दूसरों से भिन्न मत रखने के

कारण किसी मनुष्य पर अत्याचार हुआ हो। गुप्त धार्मिक सभाओं की स्थापना से बढ़कर भयानक कुकृत्य कल्पना में नहीं आ सकता। मैंने काफी दुनिया देख ली है और मैं जानता हूँ कि इन गुप्त-सभाओं से कैसे-कैसे अनिष्ट हुआ करते हैं और कितनी आसानी से ये सभाएँ फिसलकर प्रेमी-प्रेमिकाओं की सभा या भूत-सभा का रूप धारण कर लेती हैं, इसमें मनुष्य दूसरे पुरुष या स्त्रियों के चंगुल में पड़कर कैसे नाचता है और विचार या कार्य क्षेत्र में अपनी भावी उन्नति की सारी संभावनाएँ धूल में मिला डालता है। इन गुप्त सभाओं से होने वाले अनिष्टों को मैं जानता हूँ मेरी इन बातों से आप में से कुछ लोगों को शायद रंज होता होगा, पर सच बात मुझे कहनी ही चाहिए। मेरे जीवन भर में शायद आधे दर्जन स्त्री-पुरुष मेरा अनुकरण करेंगे, पर वे लोग सच्चे पुरुष और स्त्री हों, पवित्र और नेकनीयत हों। मुझे झुंड-के-झुंड अनुयायी नहीं चाहिए। झुंडों से क्या लाभ? संसार का इतिहास कुछ थोड़े दर्जन मनुष्यों ने ही निर्माण किया है। ऐसे मनुष्यों की गणना उँगलियों पर की जा सकती है। बाकी लोग तो निकम्मे और शोरगुल मचाने वाले ही थे। इन सब गुप्त-सभाओं और उपद्रवी चीजों से पुरुष और स्त्री अपवित्र दुर्बल और संकुचित बन जाते हैं। दुर्बलों की कोई इच्छाशक्ति नहीं रहती और वे कभी काम नहीं कर सकते। अत: ऐसी चीजों से कोई वास्ता ही न रखो। ये सब गुप्त रूप में विषय-वासनाएँ या मिथ्या रहस्य प्रेम ही तो है। और ये तो प्रथम बार आपके मन में प्रवेश करें, तभी इनके सिर पर ठोकर मारकर इन्हें नष्ट कर देना चाहिए। क्योंकि मनुष्य किंचित् भी अपवित्रता के रहते धार्मिक नहीं बन सकता। पीब भरे घावों को गुलाब के फूलों से ढाँकने का प्रयत्न मत करो। क्या तुम समझते हो कि तुम ईश्वर को ठग सकते हो? ईश्वर को कोई ठग नहीं सकता। मुझे कोई सीधी राह चलने वाला पुरुष या स्त्री दो; और हे भगवन्! मुझे इन भूतों, उड़ने वाले देवदूतों और शैतानों से बचाओ। सीधे-सादे साधारण मनुष्य बनो।

हममें एक सहज संस्कार है, यह और प्राणियों की तरह ही हम

में है–जिसके कारण बिना जाने ही, बिना इच्छा किए ही हम यंत्रवत् अंगों का संचालन किया करते हैं। तत्पश्चात् हममें इससे कार्यों की प्रेरणा करने वाली एक उच्चतर वस्तु है, जिसे हम तर्क-शक्ति कहते हैं, जिसके द्वारा बुद्धि अनेक बातों को ग्रहण करके उनसे कोई निष्कर्ष निकालती है। उससे भी उच्चतर रूप का एक और ज्ञान है, जिसे हम (In Spiration) स्फूर्ति (प्रतिमा) दिव्य दृष्टि या दिव्यज्ञान कहते हैं, जो तर्क नहीं करता और एक दमक या लपक (Flash) में ही चीजों को जान जाता है। वही परमोच्च ज्ञान है। पर उसमें और नैसर्गिक स्वभाव में भेद किस तरह करोगे? यह बड़ा कठिन है। आजकल कोई भी मूर्ख आकर आपसे कहने लगता है कि मुझे दिव्य-ज्ञान हुआ है या कहता है, "मुझे दिव्य-ज्ञान है, अतः मेरे लिए एक मंदिर बनवा दो, मेरे पास झुंड-के-झुंड आओ और मेरी पूजा करो।" हम दिव्य-ज्ञान और धोखेबाजी को कैसे पहचानें?

प्रथमतः दिव्य-ज्ञान तो बुद्धि या तर्क के विपरीत नहीं होना चाहिए। वृद्ध मनुष्य बालक के विपरीत नहीं हुआ करता। वह तो बालक का ही विकसित, प्रौढ़ या उन्नत रूप होता है। जिसे हम दिव्य स्फूर्ति या दिव्य-ज्ञान कहते हैं, वह तर्क (बुद्धि) का ही प्रौढ़ या उन्नत रूप है। दिव्य-ज्ञान की प्राप्ति का मार्ग तो बुद्धि या तर्क के ही द्वारा है। दिव्य-ज्ञान बुद्धि (या तर्क) के विपरीत नहीं होना चाहिए। जहाँ वह ऐसा करता हो, तो उसे दूर कर दो। हमारे अंगों का जो संचालन बिना जाने हुआ करता है, वह बुद्धि के विपरीत नहीं रहता। सड़क पार करते समय गाड़ियों के धक्के से बचने के लिए तुम किस तरह स्वभाव से ही कार्य करते हो! क्या तुम्हारा मन कहता है कि अपने शरीर को उस तरह बचाना मूर्खता का काम था? कभी नहीं कहता! यथार्थ दिव्य-ज्ञान तो कदापि बुद्धि या तर्क का विरोधी नहीं होगा। जहाँ ऐसा हो, उसे भ्रमजाल ही समझना चाहिए।

द्वितीयतः, ऐसा दिव्य-ज्ञान हरएक की भलाई के लिए होना चाहिए, न कि नाम या कीर्ति या व्यक्तिगत स्वार्थ के लिए। वह तो सदा

संसार की भलाई के लिए होगा और पूर्णतया निस्स्वार्थ ही होगा। जब इन कसौटियों में वह दिव्य-ज्ञान ठीक-ठीक उतरे, तब उसे दिव्य-ज्ञान मानने में कोई हानि नहीं है। संसार की इस वर्तमान परिस्थिति में लाख में एक भी दिव्यज्ञानी या दिव्यदर्शी नहीं है, यह स्मरण रखो। आज ऐसे बहुत ही कम लोग हैं। पर मैं आशा करता हूँ कि अब बहुत से हो जावेंगे और आप में से प्रत्येक वैसा बन जाएगा। हमने तो अभी धर्म का केवल खिलवाड़ मचा रखा है। दिव्य-ज्ञान आते ही हमें धर्म प्राप्त होना आरंभ हो जाएगा। जैसे सेंट पाल ने कहा है, कारण कि अभी तो हमें मानो काँच के भीतर से धुंधला दिखाई दे रहा है, पर तब तो आँखों से प्रत्यक्ष देखेंगे। किंतु आज संसार वर्तमान अवस्था में ऐसे लोग इने-गिने ही हैं, जो उस पद को पहुँच चुके हैं। तिस पर भी संभवतः आज के समान किसी और जमाने में दिव्य-ज्ञान का झूठा दावा इतना नहीं हुआ था। ऐसा कहा जाता है कि स्त्रियों को नैसर्गिक की शक्तियाँ प्राप्त रहती हैं और पुरुष बुद्धि या तर्क के द्वारा धीरे-धीरे जबरदस्ती अपने को ऊपर खींच ले जाते हैं। इन कोरी बातों में विश्वास मत करो, क्योंकि दिव्य-ज्ञान वाले पुरुषों की संख्या उतनी ही है, जितनी स्त्रियों की। हाँ, स्त्रियाँ संभवतः तरह-तरह के प्रलाप, मूर्छा या स्नायु रोग का अधिक दावा कर सकती हैं! धोखेबाज और जादूगरों का शिकार बनने की अपेक्षा नास्तिकता में जीवन बिताना कहीं अच्छा है। तर्क-शक्ति तुम्हें उपयोग करने के लिए दी गई है। तब यह दिखा दो कि तुमने उसका उचित उपयोग किया है। ऐसा करने से ही तुम उच्चतर वस्तुओं को संभाल सकोगे। हमें यह सदा स्मरण रखना चाहिए कि ईश्वर प्रेमस्वरूप है।" "गंगा-किनारे बसकर जो पानी के लिए कुआँ खोदता है, वह मूर्ख नहीं तो क्या है? हीरे की खान के समीप रहते हुए जो काँच की गोलियाँ ढूँढने में ही सारी जिंदगी व्यतीत कर देता है, वह सचमुच मूर्ख ही है।" ईश्वर की हीरों की खान है? हम सचमुच मूर्ख हैं, जो भूत प्रेतों की उड़ने वाली योनियों और उसी तरह की अन्य निरर्थक गप्पों के लिए ईश्वर का परित्याग करते हैं। इन भयानक जंतुओं के घोर भय में सतत

जीवन व्यतीत करने के कारण और अद्‌भुत वार्ता की क्षुधा उत्तेजित रहने के कारण स्नायुओं और दिमाग में कमजोरी आ जाती है, और मानव-जाति का अध:पतन होता है। ये सब उदभ्रान्त कथाएँ स्नायुओं पर अप्राकृतिक रूप से अत्यधिक दबाव पहुँचाती हैं और धीरे-धीरे परंतु निश्चित रूप से इन विषयों से प्रेम रखने वाली जाति को वीर्यहीन बना देती हैं। सोचिए तो सही! कहाँ तो ईश्वर, शुद्धता, पवित्रता और धार्मिकता का परित्याग करना और कहाँ इन निरर्थक मूर्खता भरी बातों के पीछे दौड़ना! कैसी भयानक बात है दूसरों के मन के विचारों का आकलन करना! यदि मैं लगातार पाँच मिनट भी दूसरों के विचारों को आकलन करूँ तो मैं पागल हो जाऊँगा। अत: शक्तिशाली बनो, उठो और प्रेमरूपी ईश्वर की खोज करो। यही सर्वोच्च बल है। पवित्रता की शक्ति से बढ़कर ये कौन-सी शक्ति हो सकती है? प्रेम और पवित्रता ये ही दुनिया के शासक हैं। ईश्वर का यह प्रेम बलहीनों द्वारा प्राप्य वस्तु नहीं है। अत: दुर्बल (शक्तिहीन) मत बनो। शारीरिक, मानसिक, नैतिक और आध्यात्मिक कोई भी कमजोरी न रहने पाए। अकेला ईश्वर ही सत्य है, और अन्य सभी चीजें असत्य हैं। ईश्वर के लिए अन्य सभी वस्तुओं का त्याग करना चाहिए।

"ईश्वर पर प्रेम करना और एक उसी ईश्वर की ही सेवा करना। इसे छोड़ और सब मिथ्या हैं व्यर्थ हैं, महान ढोंग हैं।"

7. पूर्वभक्ति और पराभक्ति

कुछ थोड़े से ही धर्मों को छोड़ प्राय: हर एक धर्म में साकार ईश्वर की संकल्पना पाई जाती है। बौद्ध और जैन धर्मों को छोड़ शायद सभी धर्मों में साकार ईश्वर की कल्पना है और उसी के साथ भक्ति और पूजा की भी। यद्यपि बौद्ध और जैन धर्मों में साकार ईश्वर की उपासना नहीं की जाती, तथापि वे लोग अपने धर्मों के प्रवर्तकों को ही लेकर उनकी पूजा ठीक उसी तरह करते हैं, जैसे अन्य धर्मों में साकार ईश्वर की पूजा की जाती है। जिस व्यक्ति पर प्रेम करना होता है और जो प्रेम करने वाले मनुष्य पर प्रेम कर सकता है, ऐसे व्यक्ति की भक्ति और पूजा की कल्पना सर्वत्र पाई जाती है। प्रेम और भक्ति की यह कल्पना भिन्न-भिन्न धर्मों में भिन्न-भिन्न मात्रा में और भिन्न-भिन्न श्रेणियों में पाई जाती है। बाहरी अनुष्ठान की श्रेणी सबसे निकृष्ट श्रेणी है, जहाँ कि मनुष्य के लिए सूक्ष्म विचारों का होना प्राय: असंभव है। अत: वह इन सबको स्थूल रूप में ही परिणत कर देना चाहता है। इसी अवस्था में कई प्रकार के आकार और उनके साथ ही भिन्न-भिन्न मूर्तियों का उद्‌भव होता है। संसार के इतिहास में हम यही पाते हैं कि मनुष्य भावात्मक आकारों या मूर्तियों द्वारा सूक्ष्म को ग्रहण करने का प्रयत्न कर रहा है। और धर्म के सभी बाह्य उपकरण घंटी, संगीत, अनुष्ठान, पुस्तकों और मूर्तियों का समावेश इसी के भीतर आता है। जो भी वस्तुएँ इंद्रियों को रुचती हैं और जिनके द्वारा सूक्ष्म को स्थूल रूप देने में मनुष्य को सहायता मिलती है, उन सभी वस्तुओं का आश्रय पूजा या उपासना के लिए ग्रहण किया जाता है।

समय-समय पर प्रत्येक धर्म में ऐसे सुधारक उत्पन्न हुए हैं, जो सब प्रकार के मूर्तियों और अनुष्ठानों का विरोध करते आए हैं। पर उनके प्रयत्न निष्फल रहे हैं। कारण, कि हम देखते हैं जब तक मनुष्य जैसा है वैसा रहेगा बना रहेगा, तब तक मानव-जाति के अधिकांश को किसी-न-किसी स्थूल वस्तु के आवलंबन की जरूरत होगी, जिस वस्तु के मानों चारों ओर वह अपनी सारी भावनाओं को स्थापित कर सके, ऐसी वस्तु जो मन के सभी भावनात्मक आकारों का केंद्र हो सके। मुसलमानों और क्रिस्तानों में प्रोटेस्टेंट लोगों ने इस उद्देश्य से बड़े-बड़े प्रयत्न किए हैं कि सब अनुष्ठान-क्रियाएँ बंद हो जाएँ, पर तो भी उनमें भी अनुष्ठान प्रवेश कर गया है। ये अनुष्ठान हटाए नहीं जा सकते। दीर्घकाल के प्रयत्न के पश्चात् सर्वसाधारण जनता में केवल उतना ही परिवर्तन हुआ करता है अनुष्ठान का स्वरूप एक की जगह दूसरा हो जाता है कि मुसलमान लोग मुसलमानेतरों के प्रत्येक अनुष्ठान, आकार, प्रतिमा या विधि को पापात्मक मानते हैं, पर जब वे स्वयं अपनी मन्दिर काबा में जाते हैं तब वे अपने इन विचारों को अलग कर देते हैं। प्रत्येक मुसलमान को नमाज पढ़ते समय अपने को काबा के मन्दिर में खड़ा हुआ समझना पड़ता है; और जब वह काबा की यात्रा करता है, तब वहाँ की दीवाल में जो काला पत्थर है, उसका उसे चुंबन करना पड़ता है। और कयामत के दिन लाखों और करोड़ों यात्रियों के इस पत्थर के ये चुंबन-चिह्न इन धार्मिक (ईमानवाले) व्यक्तियों के कल्याण के लिए साक्षी का रूप धारण करके उपस्थित होंगे। तत्पश्चात एक जिमजिम कूप है। मुसलमानों का विश्वास है कि जो इस कूप का थोड़ा सा भी जल निकालता है, उसके पाप क्षमा कर दिए जाते हैं, उसे नया शरीर मिलता है और पुनरुत्थान के पश्चात् वह सदा जीवित रहता है।

दूसरों में हम देखते हैं कि यह साकारोपासना इमारतों का रूप धारण करती है। प्रोटेस्टेंट समझते हैं कि उनके गिरजाघर अन्य स्थानों से अधिक पवित्र हैं। उनका ये गिरजाघर ही-जैसे है, मूर्ति के स्थान में है। तत्पश्चात उनका धर्मग्रन्थ भी है अपने इस धर्मग्रन्थ की भावना

उनके लिए अन्य आकृतियों की अपेक्षा इसे अधिक पवित्र मानने की है। प्रोटेस्टेंट लोगों में क्रॉस के चिह्न या मूर्ति को वही स्थान प्राप्त है, जो कैथोलिक लोगों के यही से सेराट्स लोगों की मूर्तियों को है। अतः मूर्तियों के उपयोग के विरुद्ध उपदेश करना निरर्थक है। और हम उनके विरुद्ध प्रचार करें भी क्यों? संसार में मनुष्यों के सामने जो आकार या प्रतिमाएँ हैं उन आकारों के पीछे जो वस्तु या तत्त्व हैं उस तत्त्व के प्रतिनिधि-रूप में वे उन आकारों का उपयोग न करें, इसमें तो कोई युक्तिसंगत बात दिखाई नहीं देती। यह सृष्टि भी तो एक मूर्ति ही है, जिसमें और जिसके द्वारा हम जिसकी वह मूर्ति है। उस वस्तु का–जो वस्तुसृष्टि के पीछे है और उससे परे है–उस वस्तु को ग्रहण करने का प्रयत्न कर रहे है। मानव-प्रकृति के निचले स्तर में इनकी आवश्यकता रहती है अतः हम इन्हें बनाए रखने के लिए बाध्य हैं। अतः हमारी सब खटपट इसलिये है कि मूर्तियाँ जिस वस्तु की घोतक हैं उस वस्तुओं को हम प्राप्त करें; भौतिकता के परे जाकर आध्यामिकता का लाभ करें।

हमारा ध्येय तो आत्मवस्तु है, न कि सांसारिक या भौतिक पदार्थ। आकार, मूर्तियाँ, घंटियाँ, दीपक, पुस्तकें, गिरजाघर, मंदिर तथा अन्य सब पवित्र निशानात या चिन्ह बहुत अच्छे हैं, वे आध्यात्मिकता के बढ़ते हुए पौधे के लिए बड़े सहायक होते हैं। परंतु एक हद तक ही और उसके आगे नहीं अधिकांशतः तो हम यही पाते हैं कि पौधा आगे बढ़ता ही नहीं। किसी धर्म-संप्रदाय में जन्म लेना तो अत्युत्तम है, परंतु उसी में मर जाना बहुत खराब है। जहाँ किसी प्रकार की नियत पूजा-विधियों द्वारा आध्यात्मिकता के छोटे पौधे को सहायता मिलती है, ऐसे संप्रदाय की मर्यादा के भीतर जन्म तो लेना बहुत अच्छा है, परंतु यदि मनुष्य इन विधियों के बंधन के भीतर ही रहते मर जाए, तो पौधे की वृद्धि नहीं हुई, आत्मा का विकास नहीं हुआ।–यह इस बात का निश्चित प्रमाण है।

अतः यदि कोई कहे कि चिन्ह, अनुष्ठान और विधियाँ सदा रखने की चीजें हैं तो उसका यह कहना गलत है। पर यदि वह यह कहा

जाये कि इन चिन्हों और अनुष्ठानों द्वारा विकास की निम्न श्रेणियों में सहायता मिलती है, तो उसका कथन ठीक है। पर हाँ आत्मोन्नति का अर्थ बुद्धि का विकास समझने की भूल न करे। किसी मनुष्य की बुद्धि कितनी भी विशाल क्यों न हो, पर आध्यात्मिक क्षेत्र में वह संभवत: है, वह एक बालक या उससे भी गया-बीता ही हो। इसी क्षण आप इसकी परीक्षा कर सकते हैं। आपमें से कितने कम लोगों को सर्वव्यापित्व की कल्पना है, यद्यपि आप लोगों को सर्वव्यापी ईश्वर में ही बौद्धिक विश्वास करने के लिए सिखाया गया है! यदि आप बहुत प्रबल प्रयत्न करेंगे, तो इस सर्वव्यापिता के भाव के लिए खींचतान कर आकाश की या हरे-भरे विस्तृत मैदान की या यदि आपने देखा होगा तो समुद्र या मरुस्थल की कल्पना करेंगे। पर ये सब भौतिक मूर्तियाँ हैं और जब तक आप सूक्ष्म को सूक्ष्म की ही, आदर्श को आदर्श की ही तरह ही मन में ग्रहण नहीं कर सकते, तब तक इन आकारों के मार्ग से इन भौतिक मूर्तियों के द्वारा ही चलना होगा, फिर ये मूर्तियाँ चाहे दिमाग के भीतर हों या बाहर, उससे कोई अंतर नहीं पड़ता। आप सब जन्म से ही मूर्ति पूजक हैं, और मूर्ति-पूजा अच्छी चीज है, क्योंकि वह मानव-प्रकृति की बनावट ही के अंतर्गत है। उसके परे कौन जा सकता है? केवल सिद्ध पुरुष (महात्मा) और ईश्वरी अवतार ही। शेष सब लोग तो मूर्तिपूजक ही हैं। जब तक आप अपने सामने अनेक रूप और अनेक आकृतियों सहित इस संसार को देख रहे हैं, तब तक आप सभी मूर्तिपूजक हैं। दिमाग में स्थूल मूर्तियाँ नहीं समातीं; वहाँ तो किसी स्थान में केवल थोड़ा सा स्फुरण (Sensation) ही हुआ करता है। पर तब भी आप इस संसार की अनेक रंग-रूप और आकारयुक्त इस महान् प्रतीकस्वरूप संसार की मूर्ति किस तरह अपने सामने ले आते हैं? क्या यह संसार जिसकी आप उपासना कर रहे हैं वह एक विसलकाप मूर्ति नहीं है? जो कहता है कि मैं शरीर हूँ? वह जन्मत: ही मूर्तिपूजक है। असल में आप सब तो आत्मा हैं—वह आत्मा, जिसका न रूप, न रेखा, जो अनंत आत्मा है, भौतिक पदार्थ नहीं। अत: जो कोई अपने को शरीर या जड़-पदार्थ

समझता है सूक्ष्म को ग्रहण करने में असमर्थ है तथा अपने को भौतिक पदार्थ में और उसके जरिये को छोड़कर अन्यथा–जैसा है वैसा नहीं जान सकता वह मूर्ति पूजक है। तिसपर भी ऐसे लोग एक-दूसरे को मूर्तिपूजक या बुतपरस्त कहकर आपस में कैसे लड़ा करते हैं! मतलब यह कि हर-एक व्यक्ति अपनी उपास्य मूर्ति को सच्चा बताता है और दूसरों की उपास्य मूर्ति को झूठ कहते हैं।

अतः आध्यात्मिक क्षेत्र में जो बच्चों के समान हैं, उनके मूर्खतापूर्ण विचारों को हमें अपने दिमाग से दूर कर देना चाहिए। हमें इन मनुष्यों की व्यर्थ की बकवास से ऊपर उठना चाहिए। ऐसे मनुष्य तो कुछ निःसार शाब्दिक विवादों को ही धर्म मानते हैं। अथवा एक विशेष प्रकार के सिद्धांत-वाक्यों को ही धर्म समझते हैं। उनके लिए धर्म का मतलब कुछ बौद्धिक सम्मति या असम्मति ही होता है। उनके पुरोहित जो कुछ शब्द कह दिया करते हैं, उनमें विश्वास करना ही उनका धर्म होता है। जिस बात में उनके पूर्वज विश्वास करते चले आए हैं वही धर्म है। कुछ काल्पनिक विचार और अंधविश्वास की बातों को ही वे धर्म जानते हैं। इन बातों से वे इसीलिए चिपके हुए हैं कि उनकी जाति और संप्रदाय में ये विचार पूर्वजों से चले आ रहे हैं। हमें इन अवस्थाओं से ऊपर उठना चाहिए और समस्त मानव-सृष्टि को प्रकाश (ज्योति) की ओर क्रमशः अग्रसर होते हुये एक महान् शरीरी (Organism) की तरह देखना चाहिए। देखना चाहिए कि मानवता रूपी यह अद्भुत पौधा क्रमशः ईश्वर नामक उस अद्भुत सत्य की ओर उसका प्रथम अंकुर प्रथम गति जड़पदार्थ के ही भीतर से अनुष्ठान के मार्ग से ही सदा होना चाहिये। इसमें हमारा कोई वश नहीं। इन सब अनुष्ठानों के अंतर्गत एक मुख्य तत्त्व है, जो अन्य सब बातों से श्रेष्ठ है। वह है ईश्वर के किसी भी नाम की उपासना। आप में से जिन्होंने ईसाई-धर्म की पुरानी विधियों का अभ्यास किया होगा जिन्होंने संसार के भिन्न-भिन्न धर्मों का अध्ययन किया होगा, उनका संभवतः इस बात पर ध्यान गया होगा कि उन सबमें ईश्वर के नाम की उपासना का विधान है। वे सब

उस नाम को अत्यंत पवित्र बताते हैं। आपने पढ़ा होगा, हिब्रू लोगों में ईश्वर के नाम को यहाँ तक पवित्र मानते थे कि साधारण मनुष्य द्वारा या साधारण प्रसंगों पर उस नाम का उच्चारण तक नहीं किया जा सकता था। उस नाम में अनुपम पवित्रता थी। वह नाम सबसे अधिक पवित्र था। सब नामों से अधिक पवित्र वह नाम था, और वे सभी इस नाम को ही ईश्वर समझते थे। और यह बात सत्य भी है; कारण-नाम और रूप के सिवाय यह सृष्टि है ही क्या? क्या आप बिना शब्दों के विचार कर सकते हैं? शब्द और विचार अलग नहीं किए जा सकते। यदि आप में से कोई इन दोनों को अलग कर सकता है, तो प्रयत्न कीजिए। जब कभी आप विचार करते हैं, तो शब्दों के रूप द्वारा ही विचार करते हैं। शब्द भीतरी अंश है और विचार बाहरी। ये दोनों नित्य एकत्र रहते हैं, अलग नहीं हो सकते। एक दूसरे को लाता है। विचार शब्द को लाता है और शब्द विचार को।

इसी प्रकार यह समस्त जगत् मानो बाह्य रूप है और इसके पीछे ईश्वर का वह महान् नाम प्रतिष्ठित है। प्रत्येक शरीर एक रूप है और उस शरीर के पीछे उसका एक नाम भी है। अपने मित्र के विषय में ज्यों ही आप विचार करते हैं, त्यों ही आपके सामने उसके शरीर की कल्पना आ जाती है और उसके साथ उसके नाम की कल्पना भी लगी हुई, जुड़ी हुई होती है। यही तो मनुष्य की प्रकृति है। कहने का मतलब मानवशास्त्र की भाषा में मनुष्य के मानसिक क्षेत्र में रूप की कल्पना के बिना नाम की और नाम की कल्पना के बिना रूप की कल्पना ठहर सके, ऐसा कभी नहीं हो सकता। ये पृथक् नहीं किए जा सकते। ये दोनों उसी एक तरंग के भीतरी और बाहरी पहलू हैं। इसी कारण संसार में सर्वत्र नाम को इतना उच्च मानते हैं और सर्वत्र नाम की उपासना की जाती है। जान कर या अनजान में नाम की यह महिमा मनुष्य के हाथ लग गई।

पुनः हम यह भी देखते हैं कि बहुत से धर्मों में पवित्र महापुरुषों की पूजा होती है। वे श्रीकृष्ण की पूजा करते हैं, बुद्ध की

पूजा करते हैं, ईसा की पूजा करते हैं, इत्यादि-इत्यादि। फिर साधुओं की पूजा होती है। समस्त संसार में सैकड़ों साधुओं की पूजा होती है। और इनकी पूजा क्यों न हो? प्रकाश का स्फुरण तो सर्वत्र है। उल्लू अंधकार में देखता है। इससे यह सिद्ध होता है कि अंधकार में भी प्रकाश है। पर अँधेरे में मनुष्य को दिखाई नहीं देता। मनुष्य के लिए उस स्फुरण या स्पंदन को ग्रहण करना तभी संभव होता है, जब वह आँख की ज्ञान-तंतुओं में प्रभाव पैदा करने लायक हद तक उग्र हो जाता है, जैसे कि दीपक में, सूर्य में या चंद्र में हुआ करता है। ईश्वर सर्वव्यापी है। प्रत्येक प्राणी में ईश्वर अपने को व्यक्त करता है, पर मनुष्य के लिए तो वह (ईश्वर) मनुष्य में ही दिख सकता है और पहचाना जा सकता है। जब उस (ईश्वर) का प्रकाश, उसकी व्यापकता उसकी आत्मा मनुष्य के दिव्य चेहरे में से चमकती है, तभी और केवल तभी मनुष्य उसे (ईश्वर) को समझ पाता है; इस प्रकार मनुष्य सदैव मनुष्य के द्वारा ही ईश्वर की पूजा करता आया है; और जब तक वह स्वयं मनुष्य बना रहेगा, तब तक इसी तरह उस (ईश्वर) की पूजा करता रहेगा। वह चाहे इसके विरुद्ध जितना भी चिल्लाए, खटपट करे, पर ज्यों ही वह ईश्वर के साक्षात्कार का प्रयत्न करेगा, त्यों ही उसे दिखेगा कि ईश्वर का मनुष्य के रूप में चिंतन करना उसकी प्रकृति के लिए नितान्त आवश्यक है। इस तरह हम देखते हैं कि ईश्वर की पूजा में तीन बातें मुख्य हैं, जो प्राय: प्रत्येक धर्म में होता हैं। मूर्ति या रूप, नाम और अवतार। सभी धर्मों में ये बातें किसी-न-किसी रूप में पाई जाती हैं। पर तो भी तुम भी देखोगे कि वे आपस में लड़ना चाहते हैं। एक कहता है, "संसार में मेरा भगवन्नाम ही एकमात्र सत्य है; मेरा भगवद्रूप ही अकेला सच्चा स्वरूप है; मैं मानता हूँ मेरे ईश्वर-अवतार ही सच्चे अवतार हैं; तुम्हारे सब मिथ्या हैं। आजकल क्रिस्तान पादरी लोग अपने विचारों में कुछ दयालु हो गए हैं; क्योंकि वे कहने लगे हैं कि प्राचीन धर्म भविष्य में आने वाले उनके खुद के धर्म के पूर्व आभास मात्र थे और यह उनका धर्म ही एकमात्र सच्चा धर्म है, ईश्वर ने स्वयं अपनी परीक्षा ली

तथा उन भिन्न-भिन्न रूपों द्वारा अपनी शक्तियों की जाँच की, और अंत में वह अपने को क्रिस्तानी धर्म में ही अपने को पूर्ण रूप से प्रकट करने में सफल हो सका। यह स्थिति पुराने विचारों से कम-से-कम एक कदम आगे अवश्य है। 50 वर्ष पूर्व शायद उन्होंने इतना भी न कहा होता। तब तो अपने धर्म को छोड़ बाकी किसी चीज को वे मानते ही न थे। उनका अपना धर्म ही सर्वस्व था। यह विचार केवल किसी एक धर्म या जाति या विशिष्ट मानसिक प्रवृत्ति वाले मानव समूह तक ही सीमित नहीं है। लोग सदा यही सोचते हैं कि वे जो करते हैं, वही एक करने की चीज है। यहीं पर हमें भिन्न-भिन्न धर्मों के अध्ययन से हमें स्पष्ट मालूम हो जाता है, कि वे ही विचार, जिन्हें हम अपना कहते रहे हैं, दूसरों में सैकड़ों वर्ष पूर्व विद्यमान थे, और कभी-कभी तो हमारी अपेक्षा उनके द्वारा वे विचार अधिक अच्छे ढंग से व्यक्त किए गए थे।

ये भक्ति के बाहरी अनुष्ठान हैं, जिनके मार्ग से मनुष्य को जाना पड़ता है। पर यदि वह सच्चा है और यथार्थ में सत्य वस्तु को प्राप्त करना चाहता है, तो वह इनसे उच्चतर भूमिका में पहुँचता है, जहाँ कि ये अनुष्ठान कोई चीज नहीं है। मंदिर या गिरजाघर, पुस्तकें या अनुष्ठान, ये सब धर्म की बाल-शिक्षाएँ हैं, जो उस धर्मक्षेत्र के बालक को उच्चतर भूमिका में कदम रखने लायक शक्तिशाली बनाती हैं। और यदि धर्म की उसे आकांक्षा है, तो उसके लिए ये पहले कदम, यह प्रथम सोपान (या सीढ़ियाँ) आवश्यक है। ईश्वर के लिए पिपासा, ईश्वर प्राप्ति के लिए व्याकुलता होने से सच्चा अनुराग, सच्ची भक्ति उत्पन्न होती है। पर यह व्याकुलता है किसे? प्रश्न तो यही है। सिद्धांतवाद या बौद्धिक विवाद में धर्म नहीं है। धार्मिक होना और "वन जाना" धर्म है। तद्रूप और तन्यय होना धर्म है। प्रत्यक्ष अनुभव करना ही धर्म है। हम हर एक को ईश्वर, आत्मा और विश्व के रहस्यों की बातें करते सुनते हैं, पर यदि आप उनमें से एक-एक को लेकर यह पूछते जाएँ कि क्या तुमने ईश्वर का साक्षात्कार किया है? अपनी आत्मा को देखा है? तो उनमें से कितने लोग 'हाँ' कहने का साहस करेंगे?

फिर भी वे सब आपस में लड़ रहे हैं! एक बार हिंदुस्तान में विभिन्न संप्रदायों के प्रतिनिधि एकत्र हुए और विवाद करने लगे। एक ने कहा, “शिव ही एकमात्र ईश्वर हैं।” दूसरा बोल उठा, ‘एकमात्र ईश्वर तो विष्णु हैं।’ इस प्रकार उनके विवादों का कोई अंत न था। इतने में वहाँ से एक ऋषि जा रहे थे। इन विवादकों ने उन्हें निर्णय करने के लिए बुलाया। ऋषिवर वहाँ गए और उन्होंने शिव के ही सबसे बड़े ईश्वर होने का दावा करने वाले मनुष्य से पूछा ‘क्या तुमने शिव को देखा है? क्या उनसे तुम्हारा परिचय है? यदि ऐसा नहीं है, तो तुम कैसे जानते हो कि वे सबसे बड़े ईश्वर हैं?’ तत्पश्चात् उन्होंने विष्णु के उपासक की ओर देखकर उससे भी वही प्रश्न किया ‘क्या तुमने विष्णु को देखा है?’ इसी तरह बारी-बारी से उन्होंने प्रत्येक से प्रश्न किया। तब पता लगा कि उनमें से कोई ईश्वर के विषय में कुछ भी नहीं जानता था। इसी कारण वे इतना झगड़ा कर रहे थे। यदि उन्हें यथार्थ ज्ञान होता, तो वे बहस न करते। पानी भरते समय खाली घड़ा आवाज करता है, पर जब घड़ा भर जाता है, तब आवाज बंद हो जाती है। अत: इन संप्रदायों में बहस और झगड़ों का होना ही यह सिद्ध करता है कि ये लोग धर्म के बारे में कुछ भी नहीं जानते। उनके लिए तो धर्म का अर्थ है पुस्तकों में लिखने के लिये कुछ निरर्थक शब्दों का संग्रह मात्र हर-एक को एक मोटा ग्रंथ लिखने की जल्दी पड़ी है। जहाँ हाथ लग जाए, उसी पुस्तक से सामग्री चुराकर और किसी का ऋण बिना स्वीकार किए ही अपने ग्रंथ को जहाँ तक हो बृहत्काय बनाने की धुन उस पर सवार रहती है। तत्पश्चात् वह अपनी पुस्तक को संसार में प्रचलित करके वहाँ की वर्तमान अशांति में और भी वृद्धि कर देता है।

बहुसंख्यक मनुष्य तो नास्तिक हैं। इस जमाने में पश्चिमी दुनिया में नास्तिकों का एक और दल-जड़वादी उत्पन्न हुआ है। इसकी मुझे खुशी है ये जड़वादी लोग निष्कपट नास्तिक हैं। धार्मिक नास्तिक लोग कपटी होते हैं, धर्म की बातें करते हैं, धर्म के लिए लड़ते हैं, पर उन्हें धर्म की आकांक्षा नहीं है। उन्हें धर्म की चाह नहीं है। वे कभी

धर्म का "साक्षात्कार" करने का प्रयत्न नहीं करते। वे धर्म को समझने की कोशिश नहीं करते। ऐसे धार्मिक नास्तिकों से जड़वादी नास्तिक अच्छे हैं। क्राइस्ट के उन वचनों को याद रखो, 'माँगो और वह तुम्हें दे दिया जाएगा, ढूँढ़ो और तुम पाओगे, खटखटाओ और तुम्हारे लिए दरवाजा खोल दिया जाएगा।' ये शब्द अक्षरश: सत्य हैं। ये न तो रूपक हैं, न काल्पनिक। ये ईश्वर के श्रेष्ठतम पुत्रों में से एक पुत्र के-जिसका हमारे संसार में अवतार हुआ था–ये शब्द हैं। ये शब्द उस के हृदय के रक्त के बाध्य प्रवाह हैं। ये शब्द साक्षात्कार के फलस्वरूप मिले थे, पुस्तकों से उद्धृत किए हुए नहीं थे। ये हमें उन महापुरुष से प्राप्त हुए हैं, जिन्होंने ईश्वर का अनुभव प्राप्त किया था; स्वयं परमात्मा का साक्षात्कार किया था; जिस महापुरूष ने ईश्वर से बातें की थीं, जो ईश्वर के साथ रहते थे, जिन्होंने ईश्वर को हम और आप जिस प्रकार इस इमारत को देख रहे हैं, उससे भी सौ गुना अधिक प्रत्यक्ष रूप से जिन्होंने ईश्वर को पर ईश्वर की चाह किसे है? यही प्रश्न है। क्या आप समझते हैं कि संसार का यह सारा जनसमुदाय ईश्वर-प्राप्ति की इच्छा रखते हुए भी ईश्वर को नहीं पा सक रहा है? यह असंभव है। ऐसी कौन सी इच्छा है, जिसको पूर्ण करने वाला पदार्थ बाहर नहीं है? मनुष्य साँस लेना चाहता है, और उसके साँस लेने के लिए हवा मौजूद है। और उसके खाने के लिए अन्न विद्यमान है। इन इच्छाओं को कौन उत्पन्न करता है? इन बाह्य वस्तुओं का अस्तित्व ही इन इच्छाओं को इन अकांक्षओं को उत्पन्न करता है। प्रकाश ने ही आँखों की उत्पत्ति को बनाया और शब्द के ही कारण कान की उत्पत्ति हुई। इस प्रकार मनुष्य की समस्त आकांक्षाओं की उत्पत्ति किसी-न-किसी बाहर रहनेवाले पदार्थ के कारण हुई है। अतएव पूर्ण सिद्धि प्राप्त करने की, ध्येय तक पहुँचने की प्रकृति के परे जाने की आकांक्षा बिना किसी वस्तु द्वारा निर्माण किये उसके द्वारा मनुष्य की आत्मा में बिना प्रवेश कराये उस में बिना स्थित कराये यह आकांक्षा वहाँ कैसे हो सकती है। अत: जिस मनुष्य में ऐसी आकांक्षा जागृत् हो उठी है, वह उस उद्देश्य को अवश्य

प्राप्त करेगा। पर यह आकांक्षा है किसमें? हमें ईश्वर के सिवाय बाकी सभी चीजों की आकांक्षा है। यह जो अपने चारों ओर देखते हो, वह धर्म नहीं है। मेरी गृहिणी का दीवानखाना दुनिया के सभी स्थानों से आई हुई तरह-तरह की चीजों से सजा है। पर आजकल का फैशन है कि कुछ जापानी चीजें भी चाहिए, इसलिए एक जापानी फूलदान (vase) मोल लेकर उसे भी वह अपने कमरे में स्थापित करती है। अधिकांश मनुष्यों का धर्म इसी प्रकार का है। उपयोग की सभी वस्तुएँ उनके पास हैं, पर धर्म के थोड़े से स्वाद के बिना जीवन में कुछ कमी आ जाती है और समाज भी निंदा करता है, अतः कुछ धर्म भी चाहिए। संसार में धर्म की यही वर्तमान अवस्था है। एक शिष्य अपने गुरु के पास गया और बोला, 'गुरुदेव! मुझे धर्म चाहिए।' गुरुजी उस युवक की ओर देखकर कुछ नहीं बोले, केवल मुस्करा दिए। युवक प्रतिदिन आता और जोर देकर कहा करता, कि 'मुझे धर्म चाहिए।' पर उस वृद्ध गुरु को इस युवक से अधिक ज्ञान था। एक दिन बहुत गरमी पड़ रही थी। गुरु ने उस युवक से कहा, 'चलो मेरे साथ नदी पर, डुबकी लगा आएँ।' वे नदी पर गए। युवक नदी में कूद पड़ा और गुरुजी भी उसके पीछे उतरे। गुरुजी ने बलपूर्वक उस युवक का सिर कुछ समय तक पानी के अंदर ही दबा रखा और जब बहुत देर तक वह युवक पानी के भीतर हड़बड़ा चुका, तब गुरुजी ने उसे छोड़ दिया और पूछा, 'क्यों जी, तुम पानी के अंदर थे, तब तुम्हें सबसे अधिक आवश्यकता किस चीज की मालूम होती थी?' शिष्य ने उत्तर दिया, 'साँस लेने की।' 'तो क्या तुम्हें ईश्वर की आवश्यकता उसी प्रकार है? यदि है, तो तुम उसे (ईश्वर को) एक क्षण में ही पा जाओगे। जब तक तुम में वही पिपासा, वही तीव्र व्याकुलता, वही लालसा नहीं होती, तब तक तुम अपनी बुद्धि द्वारा, पुस्तकों या अनुष्ठानों के सहारे कितनी भी खटपट करो, तुम्हें धर्म की प्राप्ति नहीं हो सकती। जब तक तुममें ऐसी धर्म-पिपासा जागृत् नहीं होती, तब तक तुम नास्तिक से किसी तरह श्रेष्ठ नहीं हो। तुममें और नास्तिक में अंतर इतना ही है कि नास्तिक निश्छल (सच्चे हृदय का)

है और तुममें वह गुण भी नहीं है।'

एक महापुरुष कहा करते थे, "मान लो, एक कमरे में चोर है। उसे किसी तरह यह मालूम हो गया कि उसके बाजू के ही कमरे में स्वर्ण की एक बड़ी राशि रखी हुई है और इन दोनों कमरों के बीच की दीवार बहुत 'पतली' है। अब उस चोर की क्या अवस्था होगी? उसकी आँखों से नींद चली जाएगी, उसकी भूख भाग जाएगी और वह कोई काम भी न कर सकेगा। उसकी सारी चिंता यही रहेगी कि वह स्वर्ण कैसे प्राप्त हो, वह सदा यही सोचेगा कि इस दीवार में कैसे छेद करूँ और उस सोने की ढेरी पर हाथ मारूँ। क्या तुम यह कहते हो कि इन सब मनुष्यों को यथार्थ में ऐसा विश्वास है कि सुख की खान, आनंदकंद, वैभव का खजाना-स्वयं परमेश्वर-यहाँ है, और ऐसा विश्वास होते हुए भी ये लोग ईश्वर की प्राप्ति के लिए प्रयत्न न करके संसार में इस तरह का व्यवहार करेंगे, जैसा कि अभी कर रहे हैं?"

ज्यों ही मनुष्य यह 'विश्वास' करना आरंभ कर देता है कि 'ईश्वर है', त्योंही वह ईश्वर को प्राप्त करने की प्रबल लालसा से पागल हो जाता है। दूसरे लोग भले ही अपनी-अपनी राह से जाएँ, पर ज्यों ही मनुष्य को निश्चय हुआ कि वह यहाँ जिस तरह का जीवन व्यतीत कर रहा है, उससे उच्चतर जीवन और भी कोई है, ज्यों ही उसे निश्चय रूप से अनुभव हो गया कि इंद्रियाँ ही सब कुछ नहीं हैं, यह अंत होने वाला जड़ शरीर उस अमर, शाश्वत, अविनाशी आत्म-सुख से तुलना करने पर कुछ भी नहीं है, ऐसा विश्वास होते ही जब तक वह उस सुख को अपने लिए प्राप्त न कर लेगा तब तक पागल-सा हो जाएगा। और यही पागलपन, यही पिपासा, यही धुन धर्म के प्रति 'जागृति' कहलाती है। और जिस समय मनुष्य की ऐसी अवस्था हो जाती है, तभी से उसके धार्मिक जीवन का आरंभ होता है। पर इस अवस्था को पहुँचने के लिए बहुत समय लगता है। ये विधियाँ और अनुष्ठान, प्रार्थना और तीर्थयात्रा शास्त्राध्ययन, घंटानाद, आरती, पुरोहित, ये सब पूर्व तैयारी के साधन हैं। वे आत्मा की मलिनता को दूर कर देते

हैं। और जब आत्मा पवित्र या शुद्ध हो जाती है, तब वह अपने सहज स्वभाव से अपने उत्पत्तिस्थान-पवित्रता की खान स्वयं परमात्मा के पास पहुँचना चाहती है। जैसे सदियों की धूल से ढका हुआ लोहे का टुकड़ा चुंबक के समीप वर्षों पड़े रहने पर भी उसकी ओर आकर्षित नहीं होता, पर धूल को हटाकर लोहे को साफ करते ही चुंबक की ओर खिंच जाता है, उसी प्रकार जन्म-जन्मांतर की धूली अपवित्रता, दुष्टता और पापों की धूल से ढका हुआ मनुष्य का जीवात्मा अनेक जन्मों के पश्चात् इन विधियों और अनुष्ठानों ग्रहण कर के द्वारा दूसरों को भलाई करते-करते तथा अन्य प्राणियों पर प्रेम करते-करते जब पर्याप्त शुद्धता को प्राप्त हो जाता है, तब उसकी स्वाभाविक आध्यात्मिक आकर्षण-शक्ति प्रकट होती है और जीवात्मा जाग उठती है तथा परमात्मा की ओर जाने की प्रबल चेष्टा करती है।

तथापि ये सब अनुष्ठान और मूर्तियों की उपासना प्रारंभ मात्र है, ईश्वर का सच्चा प्रेम नहीं है। प्रेम की बात तो सर्वत्र सुनाई पड़ती है। हर कोई कहता है, ईश्वर से प्रेम करो। पर मनुष्यों को मालूम नहीं कि प्रेम है क्या। यदि वे इसे जानते होते, तो उसके विषय में ऐसी खोखली बातें न करते। हर कोई कहता है कि मैं प्रेम कर सकता हूँ, परंतु पाँच मिनट में ही पता चल जाता है कि उसके स्वभाव में प्रेम नहीं है। प्रत्येक स्त्री यही कहती है कि वह प्रेम कर सकती है, पर तीन मिनट में ही उसे पता लग जाता है कि वह प्रेम नहीं कर सकती। संसार प्रेम की बातों से भरा पड़ा है, पर प्रेम करना बड़ा कठिन है। प्रेम कहाँ है? प्रेम है यह तुम कैसे जानते हो? प्रेम का प्रथम लक्षण यह है कि उसमें व्यापार या सौदागरी नहीं होती। जब तक तुम किसी मनुष्य को कुछ पाने की इच्छा से प्रेम करते देखो, तब तक तुम यही जान लो कि वह प्रेम नहीं है। वह तो दुकानदार का प्रेम है। जहाँ सवाल खरीदी और बिक्री का है, वहाँ कोई प्रेम नहीं रह जाता। अतः जब कोई मनुष्य ईश्वर से प्रार्थना करता है, मुझे यह दो, मुझे वह दो, तो वह प्रेम नहीं है। वह प्रेम कैसे हो सकता है? मैं तुम्हें एक प्रार्थना सुनाता हूँ और तुम मुझे

उसके बदले कुछ दो। यह तो वही निरी दुकानदारी की बात हुई। एक महाराजा जंगल में शिकार खेलने के लिए गए। वहाँ एक साधु से उनकी भेंट हो गई। उन दोनों में कुछ थोड़ा-सा वार्तालाप हुआ। महाराजा उन महात्मा से इतने प्रसन्न हो गए कि वे उनसे कुछ भेंट स्वीकार करने के लिए आग्रह करने लगे। संत बोले, 'नहीं, मुझे अपनी वर्तमान स्थिति से पूर्ण संतोष है। ये वृक्ष मुझे खाने को फल देते हैं, ये सुंदर निर्मल नदियाँ मुझे यथेष्ट जल दिया करती हैं, इन गुफाओं में मैं शयन करता हूँ, भले ही तुम एक महाराजा हो, पर मुझे तुम्हारी भेंट की क्या परवाह?' महाराजा बोले, 'केवल मुझे पवित्र करने के लिए, मुझे संतोष देने के लिए आप कुछ भेंट कृपया स्वीकार कर लें और मेरे साथ मेरी राजधानी को चलें।' निदान संत महाराजा के साथ चलने को राजी हो गए। महाराजा उन्हें अपने राजमहल में लिवा लाए। वह महल सोना, जवाहरात, मणि-माणिक्य और तरह-तरह की अद्भुत वस्तुओं से परिपूर्ण था। वहाँ सर्वत्र दौलत और शक्ति का साम्राज्य था। महाराजा ने संत से कहा, 'आप एक मिनट ठहरिए, मैं ईश्वर की प्रार्थना कर लूँ।' ऐसा कहकर महाराजा एक कोने में चले गए और प्रार्थना करने लगे, 'हे ईश्वर! मुझे और भी अधिक धन, संतति और राज्य दे-आदि-आदि!' इतने में ही संत उठ खड़े हुए और जाने लगे। महाराजा ने उन्हें जाते देखा, तो वे भी उनके पीछे चले और कहने लगे, 'ठहरिए महाराज! आपने मेरी भेंट तो ली ही नहीं और कहाँ चल पड़े?' साधु ने उनकी ओर मुँह फेरकर कहा, 'अरे भिखारी! मैं भिखारियों से भीख नहीं माँगता; तुम भला क्या दे सकोगे? तुम तो खुद ही भीख माँग रहे हो।' यह प्रेम की भाषा नहीं है। यदि आप ईश्वर से यह दो, वह दो यही माँगते रहे, तो प्रेम और दुकानदारी में अंतर ही क्या रहा? प्रेम का प्रथम लक्षण यही है कि वह सौदा करना नहीं जानता। वह तो सदा देता ही है। प्रेम सदा देने वाला होता है, लेने वाला कभी नहीं। भगवत् पुत्र कहता है, "यदि भगवान् चाहें, तो मैं अपना सर्वस्व उन्हें दे दूँ। पर मुझे उनसे कोई चीज नहीं चाहिए। मैं उनसे प्रेम करना चाहता हूँ, इसलिए

प्रेम करता हूँ, उसके बदले में मैं उनसे कुछ नहीं माँगता। ईश्वर सर्वशक्तिमान् है या नहीं इसकी मुझे परवाह नहीं। मुझे न उनकी कोई शक्ति चाहिए, न उनकी शक्ति का प्रदर्शन ही चाहिए। वे प्रेम के भगवान् हैं, यानि भगवान प्रेममय है इतना ही मेरे लिए पर्याप्त है। मैं और कोई प्रश्न नहीं पूछता।"

द्वितीय लक्षण यह है कि प्रेम में किसी प्रकार का भय नहीं रहता। प्रेम में डर हो ही कैसे सकता है? क्या कभी बकरी शेर पर, चूहा बिल्ली पर या गुलाम मालिक पर प्रेम करता है? गुलाम लोग कभी-कभी प्रेम दिखाया करते हैं, पर क्या वह प्रेम है? क्या डर में तुमने कभी प्रेम देखा है? ऐसा प्रेम सदा बनावटी रहता है। जब तक मनुष्य की ऐसी भावना है कि ईश्वर बादलों के ऊपर बैठा है, एक हाथ में वह पुरस्कार लिये है और दूसरे में दंड, तब तक प्रेम नहीं हो सकता। प्रेम के साथ भय अथवा किसी भयदायक वस्तु का विचार नहीं आता। मान लो, एक युवती माता सड़क से जा रही है और एक कुत्ता उसकी ओर भोंकने लगे, तो वह पासवाले मकान में चली जाती है। दूसरे दिन, मान लो सड़क पर जाते समय उसके साथ उसका बच्चा भी है और एक सिंह उस बच्चे पर झपटता है। तब वह माता कहाँ जाएगी? तब तो वह माता अपने बालक की रक्षा करते हुए सिंह के मुख में प्रवेश कर जाएगी। प्रेम सारे भय को जीत लेता है। उसी तरह ईश्वर का प्रेम भी है। भगवान् वरदाता हैं या दंडदाता, इसकी किसे परवाह है? प्रेमी का विचार इस प्रकार का नहीं रहता। एक न्यायाधीश जब अपने घर आता है, तब उसकी पत्नी उसे किस भाव से देखती है? उसे वह स्त्री न्याय करने वाला, पुरस्कारदाता या दंडदाता के रूप में नहीं देखती, वरन् उसे अपना स्वामी, अपना प्रेमी मानती है। उसके बच्चे उसमें क्या देखते हैं? एक प्रेमी पिता, न कि दंडदाता या वरदाता। उसी तरह ईश्वर के बालकों को भी ईश्वर में दंडदाता या वरदाता नहीं दीख पड़ता। ये सब बाहरी लोग जिन्होंने ईश्वर के प्रेम का स्वाद कभी नहीं चखा, वे ही उससे डरते हैं और जीवन भर उसके सामने भय से काँपते रहते हैं। अतः इस डर को

दूर करो। ईश्वर दंडदाता है, वरदाता है– ये सब विचार भयंकर हैं, इन सब विचारों से भले ही उनसें बर्बर प्रकृति वाले मनुष्यों का कुछ काम सधता हो। कुछ अत्यंत बुद्धिमान् मनुष्य भी आध्यात्मिक जगत् में बर्बर ही रहते हैं और इन विचारों से उन्हें सहायता मिल सकती है। पर जो मनुष्य धार्मिक हैं, धर्ममार्ग में चल रहे हैं, जिनकी धार्मिक जागृति हो चुकी है, उनके लिए ये विचार केवल लड़कपन या मूर्खता के ही होंगे। ऐसे मनुष्य भय के समस्त विचारों का परित्याग करते हैं।

तृतीय लक्षण और उच्चतर है। प्रेम सर्वोच्च आदर्श है। जब मनुष्य प्रथम दो श्रेणियों को पार कर जाता है, जब उसने अपने सौदागरी छोड़ दी और समस्त भय को दूर भगा देता है, तब वह ऐसा अनुभव करने लगता है कि प्रेम ही सर्वोच्च आदर्श है। कितनी ही बार एक रूपवती स्त्री किसी कुरूप पुरुष को प्यार करते इस संसार में कितनी बार देखी गई है! कितनी ही बार एक सुंदर पुरुष किसी कुरूप स्त्री से प्रेम करते देखा गया है! ऐसे प्रसंगों में आकर्षक वस्तु कौन–सी है? बाहर से देखने वालों को तो कुरूप पुरुष या कुरूप स्त्री ही दीख पड़ती है, प्रेम का रूप नहीं दीखता। पर प्रेमी की दृष्टि में तो उससे बढ़कर सुंदरता और कहीं नहीं दिखाई देती। ऐसा कैसे होता है? जो स्त्री कुरूप पुरुष को प्यार करती है, वह मानो अपने मन में जो सौंदर्य का आदर्श है, उसे लेकर उस कुरूप पुरुष पर आरोपित करती है, और वह जो उपासना या प्यार करती है, सो उस कुरूप पुरुष को नहीं वरन् अपने आदर्श की ही। वह पुरुष मानो उपलक्ष्य मात्र है और इस उपलक्ष्य पर वह अपने आदर्श को डालकर उसे आच्छादित कर देती हैं; तब वह मनुष्य उसका उपास्य बन जाता है। यही बात सभी प्रेम पर लागू है। सोचो तो, हममें से कितनों के ही भाई–बहन साधारण रूप के हैं, तथापि उनके भाई या बहन होने का भाव ही उन्हें हमारे लिए सुंदर बना देता है।

इसके पीछे सिद्धांत यह है कि हर एक व्यक्ति अपना आदर्श सामने लाता है और उसी की उपासना करता है। यह बाह्य जगत् केवल

उपलक्ष्य मात्र है। हम जो कुछ देखते हैं, वह सब हमारे मन से ही बाहर निकलता है। सीप के कीटक के भीतर बालुका का एक कण प्रवेश कर जाता है और वह कण उस कीटक को उत्तेजित करता है। इससे उस कीटक के शरीर से एक द्रव पदार्थ निकलता है, जो उस बालू के कण को ढक लेता है और परिणाम में सुंदर मोती प्राप्त होता है। यही हम सब भी कर रहे हैं। इसी बाह्य वस्तुओं से हमें प्रेरणा की या उपलक्ष्य मिलते हैं, जिन पर अपने आदर्श को स्थापित कर अपने सब पदार्थ निर्माण करते हैं। दुष्ट लोग इस संसार को घोर नरक के रूप में देखते हैं और सज्जन इसे सच्चा स्वर्ग समझते हैं। प्रेमी जन इस संसार को प्रेममय देखते हैं और द्वेषी इसे द्वेषपूर्ण मानते हैं। लड़ाकू लोगों को इस संसार में लड़ाई के सिवाय और कुछ नहीं दीखता और शांतिप्रिय लोगों को शांति ही दिखाई देती है। सिद्ध पुरुषों को एक ईश्वर को छोड़ और कुछ दिखाई नहीं देता। इस तरह हम सर्वदा अपने ही उच्चतम आदर्श की उपासना करते हैं और जब हम आदर्श को केवल आदर्श के रूप में प्रेम करने लगते हैं, तब समस्त वाद-विवाद और शंकाएँ सदा के लिए लुप्त हो जाती हैं। फिर तो इस बात की किसे परवाह रह जाती है कि ईश्वर का अस्तित्व प्रमाण द्वारा सिद्ध हो सकता है या नहीं इसकी किसे परवाह है? आदर्श कभी दूर नहीं हट सकता, क्योंकि वह मेरी प्रकृति का ही अंश है। आदर्श में मुझे शंका होना तभी संभव है, जब मैं अपने अस्तित्व के विषय में शंका करूँ। और मैं इसमें शंका नहीं कर सकता, इसलिए उसमें भी शंका नहीं कर सकता। अथवा इस सृष्टि का कुछ दिनों तक निर्माण करके फिर शेष समय के लिए विश्राम करने चला जाता है? इस बात की भी फिर किसे परवाह रह जाती है कि ईश्वर सर्वशक्तिमान् और साथ ही सर्वदयामय भी हो सकता है अथवा नहीं? इस बात की भी फिर किसे चिंता रहती है कि ईश्वर मनुष्य के लिए वरदान है या नहीं; वह हमारी ओर अत्याचारी शासक की दृष्टि से देखता है, अथवा एक दयालु सम्राट की दृष्टि से? प्रेमी तो पुरस्कार और दंड, भय और शंका वैज्ञानिक या अन्य प्रमाण आदि सारी बातों के परे

पहुँच गया है। उसके लिए प्रेम का आदर्श ही पर्याप्त है, और क्या यह स्वयंसिद्ध बात नहीं है कि यह संसार इस प्रेम का ही प्रकट स्वरूप है? वह कौन-सी वस्तु है, जो अणुओं को लाकर अणुओं से मिलाती है, परमाणुओं को परमाणुओं से मिलाती है, दो बड़े-बड़े ग्रहों को आपस में एक-दूसरे की ओर आकृष्ट करती है, पुरुष को स्त्री की ओर, स्त्री को पुरुष की ओर मनुष्य को मनुष्य की ओर, पशुओं को पशुओं की ओर, मानो समस्त संसार को एक ही केंद्र की ओर खींचती हो? यह वही वस्तु है, जिसे प्रेम कहते हैं। सबसे छोटे परमाणु से लेकर बड़े-से-बड़े व्यक्ति में उस प्रेम का प्रकाश या स्वरूप दिखाई देता है। यह प्रेम सर्वसाक्षी, सर्वव्यापी और सर्वत्र है। चेतन और अचेतन में, व्यष्टि और समष्टि में भगवत् प्रेम आकर्षक शक्ति के रूप में प्रकट होता है। संसार में यही एक प्रेरक शक्ति है। उसी प्रेम की प्रेरणा से ईसा ने मानव जाति के लिए अपने प्राणों का त्याग किया और बुद्ध एक प्राणी तक के लिए, माता अपनी संतान के लिए और पुरुष स्त्री के लिए। इसी प्रेम की प्रेरणा से मनुष्य अपने देश के लिए प्राण निछावर करने को उद्यत रहते हैं और आश्चर्य की बात तो यह है कि इसी प्रेम से प्रेरित होकर चोर चोरी तथा हत्यारा हत्या करने जाता है। कारण यह है कि इन स्थानों में भी आत्मा तो वही है, यद्यपि उसके प्रकाशरूप में भिन्नता है। संसार में यही तो एक मात्र प्रेरक-शक्ति है। चोर को स्वर्ण पर प्रेम है; यहाँ भी प्रेम तो है, पर उसका अनुचित उपयोग किया जा रहा है। उसी तरह सभी जुर्मों तथा सभी पुण्य कर्मों में वही शाश्वत प्रेम ही उनके पीछे है। मान लो, एक मनुष्य न्यूयॉर्क के दरिद्र मनुष्यों के लिए एक हजार डालर का चेक लिखता है और उसी समय उसी कमरे में एक दूसरा मनुष्य अपने मित्र के नाम से जालसाजी कर रहा है। एक ही दीपक के प्रकाश में दोनों लिख रहे हैं, पर जो उस प्रकाश का जैसा उपयोग करता है, उसके लिए वही जवाबदार है। वह प्रकाश तो किसी निंदा या स्तुति का पात्र नहीं हो सकता। संसार की यह प्रेरक-शक्ति प्रेम निर्लेप और सब वस्तुओं में प्रकाशमान है। इसके बिना संसार क्षण भर में चूर्ण होकर नष्ट हो

जाएगा। वह प्रेम ही परमेश्वर है।

हे प्रियतम! पति से कोई पत्नी पति के लिए प्रेम नहीं करती, वरन् पति में जो 'आत्मवस्तु' या आत्मा है, उसी के लिए वह पति से प्रेम करती है। हे प्रियतम! कोई पति पत्नी से पत्नी के लिए प्रेम नहीं करता, वरन् पत्नी में जो आत्मा है, उसके लिए प्रेम करता है। कोई किसी भी चीज पर केवल आत्मा को छोड़कर और किसी अन्य बात के लिए प्रेम नहीं करता। यहाँ तक कि जिसकी निंदा की जाती है वह स्वार्थपरता भी तो उसी प्रेम का ही एक रूप है। इस खेल को छोड़कर अलग खड़े हो जाओ, उसमें अपने को शामिल न करो, वरन् इस अद्‌भुत दृश्य को, इस अपूर्व नाटक को, एक अंक के बाद दूसरे अंक के अभिनय को देखते चलो और इस अद्‌भुत स्वरालाप को सुनते जाओ। ये सभी उसी प्रेम के ही प्रकाश्य रूप हैं। स्वार्थपरायणता में भी वह आत्मा या स्व अनेक हो जाता है और बढ़ता ही जाता है। वही एक आत्मा एक मनुष्य का विवाह हो जाने पर दो आत्मा और बच्चे पैदा होने पर अनेक आत्मा हो जाएगा; वही पूरा गाँव हो जाएगा, शहर हो जाएगा और फिर भी बढ़ते-बढ़ते तब तक बढ़ेगा यहाँ तक कि सारी दुनियां को अपनी आत्मा, सारे विश्व के अपनी आत्मा अनुभव करने लगेगा। वही आत्मा अंत में सब पुरुषों, सब स्त्रियों, सब बच्चों, जीवधारियों, यहाँ तक कि समग्र विश्व को एकत्र कर लेगा। वही प्रेम बढ़कर सर्वव्यापी प्रेम, अनंत प्रेम का एक समुच्चय रूप धारण कर लेगा, और वही प्रेम ईश्वर है।

इस प्रकार हम पराभक्ति, परम अनुराग में पहुँचते हैं, जब कि अनुष्ठान और प्रतीक छूट जाते हैं। जो इस अवस्था में पहुँच जाता है वह किसी संप्रदाय के भीतर नहीं रह सकता, क्योंकि सभी संप्रदाय तो उसी के भीतर हैं। वह किसमें प्रवेश करेगा? इस प्रकार का मनुष्य किसी मंदिर या गिरजाघर में नहीं जा सकता, क्योंकि सभी मंदिर और गिरजाघर तो उसी में हैं। उसके योग्य बड़ा गिरजाघर है कहाँ? ऐसा मनुष्य अपने को सीमाबद्ध विधियों या अनुष्ठानों में बाँधकर नहीं रख

सकता। वह तो 'असीम प्रेम' के साथ एक हो गया है। उस असीम प्रेम की सीमा कहाँ है? जिन सब धर्मों में यही प्रेम का आदर्श है, उनमें उसी प्रेम को प्रकट करने का यत्न देखा जाता है। हम अपने अंतर में जानते हैं, इस प्रेम का क्या अर्थ है, उसे हम अपने अंतर में जानते हैं और यद्यपि हम देखते हैं कि इस आसक्ति और आकर्षण की दुनिया में प्रत्येक वस्तु उसी असीम प्रेम का अंशतः प्रकाश है, तो भी हम उसे वाणी द्वारा वर्णन नहीं कर सकते। हाँ भिन्न-भिन्न देशों के साधु-महात्माओं ने उसे वर्णन करने का प्रयत्न किया है। और हम देखते हैं कि उन्होंने भाषा की समस्त शक्ति का मंथन कर डाला है तथा ईश्वर संबंधी छोटी-छोटी भावनाओं को भी प्रकट करने के लिए अत्यंत इंद्रिय-विषयक शब्दों को ईश्वरी भाव के अर्थ में प्रयुक्त किया है।

हिब्रू राजर्षि और भारतवर्षीय ऋषियों ने उस ईश्वर की स्तुति का गान इस प्रकार किया है, "हे प्यारे! तेरे अधरों का एक चुंबन होते ही तेरे लिए पिपासा सदा बढ़ती ही जाती है। सभी दु:खों का अंत हो जाता है और भूत, वर्तमान तथा भविष्य सभी को मनुष्य भूल जाता है और एक तेरा ही चिंतन मात्र किया करता है।" यही प्रेमी का पागलपन है। इस अवस्था में सारी वासनाएँ नष्ट हो जाती हैं। प्रेमी कहता है, "मोक्ष की किसे परवाह है? उद्धार की किसे इच्छा है? सिद्ध भी कौन होना चाहता है? स्वतंत्रता की किसे परवाह है?"

न मैं धन चाहूँ न आरोग्य, न सौंदर्य, न बुद्धि। सभी दोषों से पूर्ण इस संसार में मेरा पुनः पुनः जन्म हो, मुझे कोई शिकायत न होगी परंतु हे ईश्वर! तुझ पर मेरा प्रेम सदा बना रहे और यह प्रेम किसी अन्य हेतु से नहीं, केवल प्रेम के लिए ही हो; याने तुझ पर मेरी अहैतुकी भक्ति हो।" यही तो प्रेमोन्माद है, जो उक्त स्तुति-गान में प्रकट हुआ है। मानव प्रेम में स्त्री-पुरुष का प्रेम ही उच्चतम, अत्यंत व्यक्त, परम प्रबल और परम आकर्षक होता है; इसी कारण उसी भाषा का व्यवहार उच्चतम भक्ति के वर्णन में किया जाता है। यह मानव प्रेम का उन्माद संत महात्माओं के ईश्वर-प्रेम के उन्माद की अत्यन्त क्षीण प्रति ध्वनि

है। ईश्वर के सच्चे प्रेमी (भक्त) ईश्वरीय प्रेम में रंगकर उन्यत्त होना चाहते है। वे 'भगवत् प्रेमोन्मत्त पुरुष' बनना चाहते हैं। प्रत्येक धर्म के साधु-महात्माओं ने जो प्रेम मदिरा अपने हृदय का रक्त डालकर तैयार की है, जो प्रेम-मदिरा प्रेम के लिए ही प्रेम करने वाले समस्त निष्काम ईश्वर-प्रेमी भक्तों की आशाओं का आधार या आश्रयस्थान है, उसी प्रेम-मदिरा का प्याला ये प्रेमी भक्त पीना चाहते हैं! प्रेम का पुरस्कार प्रेम ही है और यह कैसा उत्तम पुरस्कार है! यही एक वस्तु है, जो समस्त दु:खों को दूर कर देती है। यही एक प्याला है, जिसे पीने से इस संसार-रूपी व्याधि का नाश हो जाता है। मनुष्य ईश्वरोन्मत्त बन जाता है और मैं मनुष्य हूँ, यह भी भूल जाता है। अंत में हम देखते हैं कि सभी भिन्न-भिन्न प्रणालियाँ अंत में उसी एक बिन्दु-पूर्ण एकता-में पहुँचती हैं। हम आरंभ में द्वैतवादी ही रहते हैं। उस समय यही भावना रहती है कि ईश्वर तथा मैं दो भिन्न-भिन्न व्यक्ति हैं। दोनों के बीच में प्रेम उपस्थित होता है और मनुष्य ईश्वर की ओर बढ़ना आरंभ करता है, मानो ईश्वर मनुष्य की ओर, बढ़ना शुरू करता है। मनुष्य अपने जीवन के सभी संबंधियों को, उदाहरणार्थ माता, पिता, मित्र, प्रेमी को अपनाने जाता है; वह यह सब बन जाता है; और अंतिम अवस्था कि यह हो जाती है वह अपने उपास्य के साथ एक हो जाता है। 'मैं तू हूँ और तू मैं, तेरी पूजा करते हुए मैं स्वयं अपनी पूजा करता हूँ और अपनी पूजा करते हुए मैं तेरी पूजा करता हूँ।' यहीं पर हमें उस परमोच्च अवस्था का अनुभव होता है, जिस वस्तु से मनुष्य अपना कार्य आरंभ करता है। आरंभ में वह आत्मा के प्रति प्रेम था, पर क्षुद्र आत्मीयता के भाव ने उस प्रेम को स्वार्थमय बना दिया था; और अंत में जब प्रकाश की पूर्ण ज्योति का आविर्भाव हुआ उस समय उस आत्मीयता ने 'अनंत' का रूप ले लिया। जहाँ से हम आरंभ करते हैं, वहीं पर अंत भी होता है। वह ईश्वर जो सर्वप्रथम जो किसी स्थान विशेष में रहने वाला व्यक्ति था, उसी ने मानो 'अनंत प्रेम' का रूप धारण कर लिया। स्वयं मनुष्य का भी रूपांतर हो गया। वह ईश्वर की ओर अग्रसर हो रहा था, वह

जिन व्यर्थ वासनाओं से पहले पूर्ण था उन सभी वासनाओं को दूर कर रहा था। वासनाओं के साथ स्वार्थपरता नष्ट हो गई और अंत में उसे यही अनुभव हुआ कि प्रेम, प्रेमी और प्रेम पात्र तीनों याने भक्ति, भक्त और भगवान् तीनों एक ही हैं।